知っていればもっと楽しめる

クルーズ旅行術

ガイドブックに載らない
達人のコツ50

小磯 紀子 著

メイツ出版

知っていればもっと楽しめる クルーズ旅行術
ガイドブックに載らない達人のコツ50

目次 ……………………………………………………………………………………… 2
はじめに ………………………………………………………………………………… 4

第1章 クルーズの基本を知ろう ……………………………………… 5
- コツ 1 クルーズ船は海上に浮かぶ豪華ホテル。乗ると病みつきになる。 ………… 6
- コツ 2 ラグジュアリー船とカジュアル船、日本船と外国船の違いを知っておこう。 ……… 8
- コツ 3 おもてなしと美味しい食事なら、日本船にかなうものなし。 ……………… 10
- コツ 4 カジュアルにクルーズを楽しむなら、日本発着の外国船にまさるものなし。 … 12
- コツ 5 クルーズ船の部屋は大きくわけて、4つのタイプがある。 ………………… 14
- コツ 6 スタビライザーによってクルーズ船の揺れは抑えられている。心配な人は大きめの船を選ぼう。… 16
- コラム クルーズ船の中は一つの街のよう。船の中には、こんな施設が揃っている。…… 18
- コラム 素朴な疑問 フェリーとクルーズ船の違いってなに? ……………………… 22

第2章 クルーズの選び方から申込みまでを知っておこう ……… 23
- コツ 7 たくさんあるクルーズ、選ぶときはここを見てみよう。 …………………… 24
- コツ 8 クルーズ船のエンターテインメントレベルは高い。それが目的で乗船する人がいるほど。 … 26
- コツ 9 部屋のクラスはクルーズの楽しさとは比例しない。自分にあった部屋を選ぼう。 … 28
- コツ 10 出港時間、入港時間、滞在時間。クルーズを選ぶときの確認ポイントはココ。… 30
- コツ 11 クルーズ料金にどこまで含まれるのか、しっかり確認しておこう。 ……… 32
- コツ 12 クルーズの申込み先は船会社に直接か、旅行代理店経由がある。 ………… 34
- コラム 旅行代理店を紹介 ……………………………………………………………… 36
- コツ 13 送られてきた申込用紙に記入し、返送。さらに申込金を振り込んで予約完了。… 38
- コツ 14 外国に寄港するツアーでは、パスポート期限やビザに注意しよう。 ……… 42
- コツ 15 クルーズのキャンセル料金を確認しておこう。 ……………………………… 44
- コツ 16 ファミリーでクルーズを楽しもう!子ども連れがチェックするポイントはココ!……… 46
- コツ 17 ツアー選びの参考にしよう!人気のクルーズはコレ ………………………… 48
- コツ 18 初めての人はお試しで、まずは1泊〜2泊程度のクルーズを体験してみよう。… 50
- コツ 19 クルーズに安く行くには早割や直前割を狙おう。日本船は株主優待で1割引になる。… 52
- コツ 20 乗船するほど優遇されるリピーターのための会員クラブ! …………………… 54
- コラム 一度は乗りたい!世界一周クルーズ ………………………………………… 56

第3章 乗船準備から乗船の手続きのいろいろ。乗船後すべきこと。…… 57
- コツ 21 荷物が多くなりがちなクルーズ。宅配便を使って荷物を送るとらくに乗船できる。… 58
- コツ 22 一通りのアメニティが揃っている日本船。外国船は歯磨きセットを持参しよう。… 60
- コツ 23 出発港まで車で行くことにするとギリギリまで荷造りできる。 ………… 62
- コツ 24 港での乗船手続きは出港時間の2〜3時間前までに済ませよう。 ………… 64
- コツ 25 乗船カードはいつでも胸からぶら下げ行動するのが、クルーズの行動スタイル。… 66
- コツ 26 出航イベントを楽しんだ後に避難訓練で集合する必要がある。 ………… 68
- コツ 27 乗船したら早めに船内マップを片手に各デッキを探検しよう。 ………… 70
- コツ 28 右舷、左舷は部屋番号で決まる。ドアに印をつけると迷わない。 ……… 72

第4章 ダイニングやビュッフェの利用法や楽しみ方 ……………… 73

コツ 29	朝のビュッフェは混みがちで、人気の窓際のテーブルは順番待ちになる。………	74
コツ 30	外国船のメインダイニングでの料理の注文はメニューの番号でしよう。………	76
コツ 31	ディナーの時間は2回制になっていて乗船申込み時に選択する。……………	78
コツ 32	海側の席は大人気。どうしても座りたいなら早めに行こう。……………	80
コツ 33	ダイニングルームもいいけど、好きなときに食事ができるビュッフェが便利。………	82
コツ 34	終日航海の日はグルメ三昧。アフタヌーンティやスイーツを楽しもう。……………	84
コツ 35	船上でのサプライズ。誕生日のお祝いや結婚記念日をお祝いしよう。…………	86
コツ 36	フォーマルナイトは結婚式のゲストのファッションでOK。一緒に場の雰囲気を作る気持ちで。…	88
コラム	クルーズ船のお水がまずい問題 ………………………………………	90

第5章 船内生活をよりエンジョイするために ……………………… 91

コツ 37	船内新聞は情報源。じっくり読みこんで翌日の予定を立てるべし。………………	92
コツ 38	港を出るとスマホは繋がらない。船内では有料のネットサービスを使う。………	94
コツ 39	セルフランドリー設備を使って船内で気軽に洗濯しよう。………………………	96
コツ 40	日本船の大浴場は大人気。海原を見ながら湯船につかろう。…………………	98
コツ 41	船の中をいろいろ探索してみよう。面白い発見があるはず。………………	100
コツ 42	終日クルーズの日は思いきっていろいろ挑戦してみよう。………………	102
コツ 43	クルーズの旅であると便利なもの。………………………………………	104
コラム	飛鳥Ⅱとにっぽん丸がリニューアル ………………………………	106

第6章 寄港地観光や下船のコツをおさえよう ……………………… 107

コツ 44	寄港地が近づいてきてもすぐに下船とはならないので注意。………………	108
コツ 45	滞在時間が短いならオプショナルツアーがおすすめ。………………………	110
コツ 46	オプショナルツアーを申込まなくてもOK。自力で観光する方法はいろいろある。…	112
コツ 47	自力で観光するときにはレンタカーを使うと便利で経済的。…………………	114
コツ 48	海外クルーズの出入国手続きは飛行機に比べて簡素化していて時間もかからない。…	116
コツ 49	最終日前夜の下船準備はぬかりなく。翌朝は指定時間までに部屋を出る必要がある。…	118
コラム	日本沿岸・国外の寄港地を紹介　この寄港地の見どころはココ！………	120
コツ 50	海外でインターネットに接続してスマホを利用する。………………………	124

第7章 日本沿岸でクルーズを行う主なクルーズ船 ……………………… 125

コラム	日本を代表する大型クルーズ船　飛鳥Ⅱ……………………………	126
コラム	食通をうならす美食の船　にっぽん丸………………………………	128
コラム	初心者にもおすすめの親しみやすさ　ぱしふぃっく びいなす……………	130
コラム	日本生まれの大型外国船　ダイヤモンド・プリンセス…………………	132
コラム	陽気なイタリア船　コスタネオロマンチカ……………………………	134
コラム	巨大な最新船　MSCベリッシマ………………………………………	136
コラム	自由度の高いフリースタイル船　ノルウェージャンスピリット……………	138
コラム	デザイン性の高いモダンな船　セレブリティ・ミレニアム………………	140
コラム	憧れの豪華客船　クイーン・エリザベス………………………………	142

3

はじめに

　子どもの頃、私はよく寝ころんで家の窓から空を見上げては、我が家が飛行船だったらどこへ飛んで行こうかと空想して遊んでいました。大人になって乗ったクルーズ船は、まさにその夢の実現版でした。初めて乗船したとき、自分の部屋にいながら知らない場所に行けることに大変興奮したのを覚えています。それだけでなく部屋を一歩出れば、船の中には、美味しい食事や上質なエンターテイメントなどの別世界が広がっているのです。

　そう、クルーズ船は各地を訪ねる旅の楽しさ、部屋にいる気楽さ、そして豪華な非日常、この３つが同時に味わえるすごく贅沢な旅空間なのです。

　皆さんも一度クルーズの旅を体験されるとその楽しさ快適さにびっくりされるはずです。

　ただしクルーズ船は今までの旅行とはやり方が違い、多少の慣れが必要です。そこで、最近とみに人気が高まっている日本発着のクルーズについてコツをまとめてみました。

　私の経験を元にした内容になっていますので、人によって感じ方が違う部分もあると思いますし、各クルーズ船のサービス内容は毎年のように変更があります。それを念頭に置いたうえで参考にしていただけると幸いです。

　そして実際に行かれる際は船会社のホームページを参考にしたり、旅行代理店に問合せをすることをおすすめいたします。

　それでは皆さんに船上でお会いできるのを楽しみにしております。ボンボヤージュ！

小磯紀子

✴ 第1章 ✴
クルーズの基本を知ろう

コツ 01 cruise

クルーズ船は海上に浮かぶ豪華ホテル。一度乗ると病みつきになる。

✳ 寝ているうちに次の寄港地に到着

クルーズ旅行のよいところは、**寝ている間に寄港地に着いてしまう**ことです。これを一度味わうと、大きな荷物を引きづって飛行機、電車に乗り込み、移動中は座席に座りっぱなしの普通の旅行がとても苦痛に思えてきます。**クルーズ船なら目的へ行くまでの船の中がお楽しみ時間です。**コース料理を食べて、ショーを見て、アクティビティに参加をする、疲れたら部屋に戻ってきてベッドでお休み。そして翌朝、目覚めると次の寄港地に到着。寄港地では手ぶらで観光し、好きなときに船に戻ってカフェでお茶したり部屋でリラックス…このラクチンさを一度味わうと病みつきになります。

✳ 本格的なショーを楽しむことができる

クルーズ船はエンターテインメントに力を入れているところが多く、**それぞれの船がオリジナルなプログラムでショーを実施**しています。

特に外国のクルーズ船では普段は見る機会がないような外国人パフォーマーの歌やダンスで構成された華やかなショーを豪華なシアターで見ることができます。乗客もドレスアップして来るので、まるでラスベガスのショー？みたいな気分を味わえます。

日本のクルーズ船は、知名度の高い日本人アーティストを呼ぶステージが多く、それを呼びものにしているクルーズも多くあります。

第1章 ✳ クルーズの基本

✳ 毎晩フルコースの食事を食べられる

　クルーズ船のディナーは基本フルコースの食事です。毎晩、高級感あふれるダイニングルームでいただく贅沢なディナー。そんな非日常の毎日が続くので、船を下りたくなくなります。

✳ 宿泊、食事、移動費が含まれるクルーズ料金

　クルーズ料金には、次のようなものが含まれていてお得な旅です。

✓ ホテル	✓ フルコースやビュッフェの3食の食事
✓ 軽食・スイーツ	✓ 大浴場（日本船）
✓ 船の運賃	✓ エンターテインメント
✓ アクティビティ	✓ フィットネス利用
✓ プール利用	✓ アミューズメント施設

クルーズメモ

客室だけを予約できない

クルーズは宿泊、食事、軽食、エンターテインメント、運賃が含まれているパッケージツアーの旅なので、船室だけを予約するということはできません。逆に言えば、船の中の施設をできるだけ使いたおすのが上手なクルーズの旅と言えます。

7

ラグジュアリー船とカジュアル船、日本船と外国船の違いを知っておこう。

✷ 船のクラスの違いを知ろう

●ラグジュアリー船

　1泊5万円以上する船。小回りのきく6万トン以下の船が多いです。すべてのゲストに行き届いたサービスをするのが特徴です。クルーズ料金にソフトドリンク代も入っていることが多いので、そんな船だといちいちチャージされる鬱陶しさを感じずにすみます。

　日本船はこのラグジュアリー船のカテゴリーに入ります。客層は落ち着いたカップルや上品そうな定年後の人々になります。

●カジュアル船

　1泊1万円台〜3万円台の船。最近は大型化が進んでいて10万トンクラスの船も珍しくありません。大型船の場合は有料レストランが複数あります。複数のプール、屋外スクリーン、スパ、バーなど**施設が充実しているのが特徴で、船上でいろいろな楽しみ方ができます。**1泊1万円台の船ではファミリーや若者が多く乗船していて、3万円台になるとそこそこシャレたカップルもいます。

飛鳥Ⅱ

コスタネオロマンチカ

第1章 ✳ クルーズの基本

✳ 日本船か外国船でわけてみると

　日本のクルーズ船は「飛鳥Ⅱ」、「にっぽん丸」、「ぱしふぃっくび いなす」の3隻。日本発着の外国のクルーズ船で代表的なものを選 ぶとダイヤモンド・プリンセス、コスタネオロマンチカ、ＭＳＣベリ ッシマなど次のような船があります。

●日本船

飛鳥Ⅱ（約5万トン）

　日本を代表する豪華客船。船 室、食事、サービスすべてが一 流で飛鳥だけに乗船する熱烈フ ァンもいる。郵船クルーズ（日 本郵船の子会社）が運航。 ▶P126

にっぽん丸（約2万2千トン）

　美食で有名。著名アーティス トによるショーも充実。小ぶり なサイズを活かした離島クルー ズなどが人気。商船三井客船が 運航。▶P128

ぱしふぃっくびいなす（約2万6千トン）

　気取らないカジュアルでフレ ンドリーな雰囲気の船。それで いてクルーズのクォリティは高 い。日本クルーズ客船が運航。 ▶P130

●日本発着の回数が多い外国船

ダイヤモンド・プリンセス（約11万トン）

　日本の造船所で作られた大き くて美しいクルーズ船。 ▶P132

コスタネオロマンチカ（約6万トン）

　カジュアルなイタリア船。料 金も安めで初心者向き。 ▶P134

ＭＳＣベリッシマ（約17万トン）

　12の飲食店、20のバー、Ｆ1 マシンシミュレーターまである 大型船。▶P136

ノルウェージャンスピリット（約7.5万トン）

　ドレスコードがない自由度が 高い船。食事もフリースタイル で自分らしい船旅になる。 ▶P138

セレブリティ・ミレニアム（約9万トン）

　大改装したばかりの船。三ツ 星のレストラン、大型劇場での 本格的なショーで楽しませてく れる。▶P140

9

コツ 03 cruise

おもてなしと美味しい食事なら、日本船にかなうものなし。

✵ 食事、飲み物だけでなく港湾税やチップもインクルーシブ

日本船のクルーズ料金はインクルーシブが基本です。料金には運賃や部屋代のほか飲食物（アルコール類別）、チップ、港湾税も含まれています。

別途なのは海外寄港クルーズの際の国際観光旅客税1,000円くらい。総額がわかりやすいから安心して申込みができます。

といってもアルコール、有料レストラン、オプショナルツアーなどは有料です。飲みすぎると下船時の支払いで高くつく可能性もあります。

✵ 日本語でサービスが受けられる

すべてのサービスを日本語で頼むことができる日本語の環境が整っている船です。

日本船と言えどもクルーはフィリピンなどの外国人が大半です。最初に乗船したときは、外国人クルーがたくさん働いているのを見て、日本語が通じるのか、英語で話す必要があるか？ と戸惑いました。しかし、そこは日本船でした。どの外国人クルーもしっかり教育がされていて日本語で話して問題なし。もちろんフロントなどの要所には日本人クルーがいます。

第1章 ✳ クルーズの基本

✳ 美味しい食事が食べられる

　日本船は和食、洋食ともにレベルが高いです。寄港地のご当地食材を活かした献立、季節感のある盛り付け、美しい器など、食に対する情熱とこだわりを感じます。

✳ 1泊から世界一周まで日程が豊富

　外国に寄港する必要がない日本船は1泊〜3泊までかずかずのショートクルーズが揃っています。そのほか1週間から10日でまわる日本一周クルーズ、1か月かけてまわるアジアクルーズ、3か月という長期にわたる世界一周クルーズなど、多彩なクルーズが揃っています。

✳ 大浴場があり海を見ながら入浴できる

　日本船らしい設備と言えば大浴場があります。**3隻ともに大浴槽を設置していて、大きな浴槽につかりながら海を眺められます。**とは言っても船ですから、消毒のカルキ臭が多少強いです。そこは我慢してありがたく入浴しましょう。

　ちなみに飛鳥Ⅱは全室バスタブ付きですが、にっぽん丸、ぱしふぃっくびいなすにはシャワーのみのステートルームがあります。でもバスタブの有無に関わらず、大浴場に行く人は多いと思います。

✳ 日本船はどの部屋もシャワートイレを完備

　どの日本船も全室にシャワートイレは完備。日本人からの要望が強いんでしょうね。

11

カジュアルにクルーズを楽しむなら、日本発着の外国船にまさるものなし。

☀ 日本発着の外国船は必ず海外へ寄る

　日本発着の外国のクルーズ船の場合、必ず海外の寄港地によることが義務づけられています。これは日本の自国企業を守るためのルールで、外国船は日本近海を周遊するクルーズであっても必ず釜山などの海外に寄港する必要があります。海外に寄るとなると往復で2日はかかりますから外国船は1週間から10日といった長期クルーズが多くなっています。

☀ 船が大きく楽しめる施設もたくさん

　日本発着の外国船は10万トンを超えるクラスの船もあり、そうした船の中には**シアターやレストラン、バー、カフェ、フィットネスジム、プール、アイススケートリンク、ロッククライミングなどの設備が充実**していて、大人から子どもまで楽しめる「洋上のアミューズメント船」となっています。

☀ 外国船ならではの楽しみ方がある

　陽気なイタリア船、おしゃれなアメリカ船、伝統が漂うイギリス船と外国船は船ごとに雰囲気がガラリと変わりますから、乗りわけ

第1章 ✳ クルーズの基本

る楽しみがあります。乗客もアジア圏だけでなく、オーストラリア
や北米やヨーロッパなどからのお客さんがいます。

　少しオーバーに言うと、乗船したとたん海外に来たような気分に
なれます。

✳ 好きなときにビュッフェで食事ができる

　**早朝から深夜までオープンしているビュッフェ専用のレストラン
があり、内容も充実しています。**自分の好きなときに食事を取るこ
とができます。決められた食事時間にレストラン行く必要がないの
で、乗船時間をフルに自分の好きなように使えます。外国船に乗る
とビュッフェが使い勝手の良さにはまります。

✳ 日本語でも通じるけど基本言語は英語

　**日本発着の外国船には日本人スタッフも乗っていますが、英語が
基本言語の世界です。ダイニングルームのウェイターはある程度の
日本語を理解してくれますが、**掃除の係の人などは人によると思っ
た方がいいです。たとえば「トイレットペーパーがなくなった。追
加が欲しい」と頼みたいとき、英語で頼んだ方が反応は早くて確実
です。

　その点はやはり外国船だと感じますが、そのぶん日本船にはない
外国っぽさが漂っていて、外国旅行をしている気分を味わえて楽し
いところです。

✳ クルーズ料金の表示が日本船と違う

　外国船のクルーズ料金は、表示されている金額とは別に港湾税や
チップなどが上乗せされます。**クルーズ料金の総額がわかりにくい
ので、必ず合計額がいくらになるのか確認しましょう。**

13

クルーズ船の部屋は大きくわけて、4つのタイプがある。

1. 海の見えない内側の部屋

　まったく海が見えない分、**クルーズ料金が安く設定されています。**通常、部屋は16㎡程度の広さで、鏡を使って広く見せている部屋もあり、圧迫感はそれほどありません。

　クルーズは寄港地で観光したりアクティビティに参加したりと、意外と部屋の外で過ごす時間が長いので、お安く何度でもクルーズしたいというリピーターに人気のある部屋です。

2. 窓がある海側の部屋

　開けられない四角い窓や丸い窓から、海が見える部屋です。客室のデッキの中では内側とともに下層に配置されています。広さは**内側の部屋とほぼ同じくらい。**救命ボートや柱などで視界の一部が遮られる部屋もあり、そうした部屋はより料金が安めに設定されています。

3. バルコニー付きの部屋

バルコニーに面した**大きな窓から光が差し込むので部屋が明るいです。**バルコニーには2人用の椅子や小さなテーブルがあります。バルコニーから見る夕日、月明かりなどの景色は最高で、バルコニー付しか選ばない人もいます。**またビュッフェから食べ物を持ってきて、バルコニーで食べることも可能です。**

外国船は冷房がキツいことも多いのですが、バルコニーの部屋なら窓を開けることで温度調節や換気がすぐにできる利点もあります。最近のクルーズ船の傾向としてバルコニー付の部屋の割合が増えています。

4. スイートルーム、バトラー付き

スイートはベッドルームとは別にリビングルーム、広いベランダ、ジャグジーバスなどの設備も備わっているゴージャスなお部屋。スイート専用のダイニングルームがあるほか、エンターテインメントでの優先席、優先的な乗下船などの特典がついています。MSCやにっぽん丸ではバトラーサービスもしています。

✹ 1人部屋、3人部屋、4人部屋もある

にっぽん丸には1人用の「デラックスシングル」が、飛鳥Ⅱには3人用の「Dトリプル」という部屋があります。**2人用の部屋を3人で利用するのは、どの船でもソファベッドやプルマンベッド（壁に収納式のベッド）を利用して対応してくれます。**4人が同じ部屋が希望の場合は、コスタネオロマンチカがおすすめです。プルマンベッド使用で4人で泊まれる部屋があり、ファミリー向きです。

スタビライザーによってクルーズ船の揺れは抑えられている。心配な人は大きめの船を選ぼう。

✤ フィン・スタビライザーで揺れを抑える

　クルーズの話をすると、「船酔いしないの？」とよく質問をされますが、そんなときは、「フィン・スタビライザーがあるので大丈夫」、と答えています。**フィン・スタビライザーは魚のヒレのような翼を船の側面から海中に張り出し横揺れを制御する装置で、これによりクルーズ船の揺れはかなり緩和されます。**この装置は、ほとんどのクルーズ客船についています。

✤ 10万トン以上の船は揺れづらい

　初めて11万トンのダイヤモンド・プリンセスに乗船したときは、それまで5万トンくらいの船しか乗ったことがなかったので、揺れの少なさに感動しました。今、止まっている？と思ったほどです。その後に外洋に出ると、さすがのダイヤモンド・プリンセスも多少は揺れましたが、**大型船は中型船に比べると揺れないのは確かです。揺れが心配な人は10万トン以上の船がおすすめです。**

第1章 ✳ クルーズの基本

✺ 真ん中が揺れないと言われている

同じタイプの部屋でもクルーズ料金が違うことがあります。そんなときは、船の中央部に近いほど料金は高くなっています。**これは船首や船尾に比較すると中央部の方がより揺れが少ないためです。**それで言えば、スイートの部屋が上の階に設置されているのが謎ですが、特別感を出すためかと思います。

ちなみに下のデッキは下になるほど波の影響だけでなく、エンジン音やスクリューの振動などの影響も受けやすくなります。

✺ 酔い止めで対策をしておく

船酔いが心配な人は乗り物酔いの薬を飲むことをおすすめします。フロントに行けば無料でくれる船もありますが、置いてない場合もありますので、自分で用意していくのがよいと思います。

また薬を飲んでからすぐに効くわけではないので、天気予報を見て海が荒れそうだと思ったときには、早めに飲んでおきましょう。

✺ それでも揺れることはある

以前、9月のにっぽん丸の北海道クルーズに参加したときです。小樽から乗船したときからずっと天候が悪くて大揺れ。最初の寄港地の礼文島はテンダーボートが接岸できずに予定を変更して稚内に寄港、次の寄港地の羅臼も船が接岸できず寄港地を網走に変更、予定の寄港地のどこにも寄らずに小樽に帰ってきたことがありました。酔い止めの薬を飲んでいたので、気分が悪くなることはありませんでしたが、**船の旅は台風や低気圧の直撃を受けると揺れを避けることはできません。**

17

コラム

クルーズ船の中は一つの街のよう！

船の中には、こんな施設が揃っている

メインダイニングルーム

高級レストランを思わせる凝った内装になっていて、毎晩フルコースのディナーが提供されます。小さい船だと朝食や昼食にも使用されます。

デッキカフェ

デッキにはピザ、ハンバーガー、アイスクリームなどを提供していくれるカフェがあることが多いです。

ビュッフェレストラン

ビュッフェ専用のレストランで、肉といったメイン料理から麺類、パン、ケーキ、フルーツなどいろいろ揃ってます。外国船の場合、オープンしている時間が長いので小腹が空いたとき、ちょっと休憩したいとき、便利に使えます。

バー

船の中のバーの多くは生演奏を聴きながらお酒を楽しめます。船の中に趣向が違う複数のバーがあるのも珍しくありません。

有料レストラン

大型クルーズ船になるとステーキ、イタリアン、フレンチ、日本食、ピザなどの有料のレストランが複数あります。

第1章 ✳ クルーズの基本

シガーバー

愛煙家のためのバー。重厚かつゆったりとした空間で、葉巻やタバコを楽しめます。飛鳥Ⅱのシガーバーはタバコを吸わなくても入りたくなる素敵な雰囲気。

ダンスホール

社交ダンスやディスコタイムなどが催されたり、バンドの生演奏が行われたりします。

ホール／シアター

エンターテインメントショーや講演会などを開催するためのホールです。日本船だと人気のアクティビティであるビンゴの会場にもなります。

カジノ

ブラックジャック、スロットマシーンなどがあるカジノ。日本船は換金できませんが、外国船は換金可能です。

映画館

船内に映画館がある船もあります。船の中で見た映画、不思議と心に残ります。ダイヤモンド・プリンセスは屋外に大きなスクリーンがあり、映画を上映します。

プール

クルーズ船に必ずあるのがプールです。大型船になるといくつものプールがあります。

コラム

ジャグジー

ジャグジーはプールの横に設置されていることが多いです。海を見ながら入れば、ちょっとした露天風呂気分を味わえます。

ジム

クルーズ最大の問題点である食べすぎによる体重増加を防ぐためにジムを有効活用しましょう。

大浴場

日本船には必ず無料の大浴場の設備があります。ダイヤモンド・プリンセスには有料の大浴場「泉の湯」があります。

エステ・美容室

多くのクルーズ船にエステや美容室の設備があります。

フォトショップ、フォトスタジオ

船内の専属カメラマンが撮影した写真を販売しています。スタジオ設備がある場合は有料で好きな背景を選び撮影してもらうことができます。

アーケード、免税店

中型〜大型のクルーズ船には洋服、お土産、化粧品、宝飾品、ブランド時計、バッグ、お酒などの店が並んだアーケードがあり、10万トン超の船だとちょっとした街のようです。外国船の場合、外洋に出ると免税店がオープンします。

キッズルーム

幼児や子どもが遊ぶための部屋です。ここで子どもを預かってくれるサービスをしているクルーズ船もあります。

チャペル

船上結婚式のためのチャペルの施設がある外国船もあります。

図書室

本、雑誌、新聞などが置いてあり、貸出もしてくれます。

パソコンルーム

船によってはWi-Fi環境が整っているパソコンルームがあります。有料（時間制）で使用できます。

茶室

日本船には畳の敷いてある茶室があります。

医務室

医務室がある場合は体調が悪くなった場合は医務室がありますので、専任の医師による診察が受けられます。

コラム

素 朴 な 疑 問

?

フェリーとクルーズ船の違いってなに?

　クルーズ船は、宿泊や食事、エンターテインメント、アクティビティなどを楽しめる"旅行する船"なのに対して、フェリーは人や貨物などを運搬するためのもの。つまり、移動が最大の目的となります。複数の港に寄航しながら観光するクルーズ船に比べて、フェリーは短時間で目的地まで移動するため価格は割安ですが、食事はほとんどの場合、別料金になります。

フェリー	クルーズ船
●ほとんどの場合、移動費と宿泊費のみの金額 ●出発地から目的地の港に移動する ●1泊程度で到着 ●空いていれば当日でも乗船可能	●移動費と宿泊費のほか、食費も含まれる ●出発と同じ港に到着する場合が多い ●到着するまで何泊もかかる ●事前に申込まないと乗船できない

カーフェリーでクルーズ気分に

　車も一緒に移動できるカーフェリーの中には、クルーズ船のように優雅な船旅が楽しめるものもあります。日本海側で運行する「新日本海フェリー」や、名古屋・仙台と北海道を結ぶ「太平洋フェリー」などの長距離航路では、豪華なスイートルームを備える船が多くあり、3食付いてくる場合もあります。さらに、映画やショーを観覧できるなど、乗客を飽きさせない工夫がされている船もあります。

✳ 第2章 ✳
クルーズの選び方から申込みまでを知っておこう

たくさんあるクルーズ、選ぶときはここを見てみよう。

✺ 宿泊数によって選ぶ

　日本船は日本国内クルーズでは4泊以上から1週間、10日といろいろな泊数のクルーズがあり、特に1泊～3泊といったショートクルーズは日本船の独壇場です。外国船は、3泊や4泊といったショートクルーズをコスタネオロマンチカが提供していますが数は少なく、ほとんどが5泊～10泊の長めのクルーズになります。

✺ 寄港地やルートで選ぶ

　クルーズの魅力のひとつが各地の寄港地を巡ること。**北は北海道から南は沖縄まで離島も含めて日本には多彩な寄港地があります。**

　さらに韓国、ロシア、台湾、中国など海外の寄港地も含めれば、選ぶのに苦労するほどです。

　また、**寄港地だけでなく、瀬戸内海クルーズや南の島を巡るクルーズのように航行のルートが売りになっているクルーズ**もあります。

　なお、船酔いが心配な人には景色が素晴らしくてほとんど揺れない瀬戸内海クルーズがおすすめです。

✺ 出航日や日程で選ぶ

　ゴールデンウィーク、夏休み、シルバーウィークの辺りは日本船、外国船ともにいろいろなクルーズプランが出揃いますので選択肢が多くなります。ただし人気が集中する時期なので早めに予約しないと部屋が埋まってしまいます。

第2章 ✳ クルーズの選び方から申込み

1月、2月、3月は日本船が世界一周やアジアクルーズに出てしまい、外国船も来ないので、日本沿岸クルーズの数が少ない時期になります。

✳ オプショナルツアーで選ぶ

別料金で寄港地の見どころを案内してくれるのがオプショナルツアーです。船ごとに特徴があり、例えばにっぽん丸はツアーディレクターが直接寄港地から情報を得て下見に行ってオプショナルツアーを作っています。

寄港地での滞在時間が短いときや交通手段が限られるとき、言葉の心配がある海外ではオプショナルツアーの充実度が旅の満足度を左右します。

滞在時間が短いときや交通手段が限られるとき、また言葉の心配がある海外ではオプショナルツアーの充実度が旅の楽しさにつながります。クルーズ内容だけでなくオプショナルツアーも確認しておきましょう。

✳ 終日クルーズの有無で選ぶ

遠方に行くクルーズの場合、どこの寄港地にも寄らずに航行する終日クルーズというスケジュールが入っていることがあります。

ウクレレ教室、エステ、アフタヌーンティー、ダンスレッスン、映画鑑賞、プール、ジャグジーなどのアクティビティを楽しんだり、海を見ながらボーとするなど、クルーズライフをたっぷり満喫できます。

しかし、毎日どこかの寄港地に行きたい人には、船の中で過ごす終日クルーズは物たりなく感じる可能性もあります。

25

クルーズ船のエンターテインメントのレベルは高い。それが目的に乗船する人がいるほど。

✤ ステージが近い日本のクルーズ船

日本船のエンターテインメントは、ステージと座席との距離が近いのが特徴です。**通常よくあるコンサートホールと違い手が届きそうな距離でショーを楽しめます。**

にっぽん丸のステージ

日本船はクルーズ期間にかかわらず、有名アーティストによるショーが設定されていることが多いです。クルーズ料金の中にそうしたショーの料金も含まれています。

●日本船のエンターテインメント例

飛鳥Ⅱ	八神純子 (博多発着A-styleクルーズ)	2019年10月12日(土) 〜10月14日(月・祝) 3日間
にっぽん丸	柏原 芳恵 (飛んでクルーズ北海道 Aコース)	2019年8月30日(金)〜 9月2日(月) 4日間
	堀内孝雄 (初春の宝船 にっぽん丸クルーズ〜 スペシャルエンターテイメント〜)	2020年1月4日(土)〜 1月7日(火) 4日間
ぱしふぃっく びいなす	牛田智大 (秋の日本一周クルーズ)	2019年9月24日(火) 〜10月3日(木) Aコース10日間
	大橋純子 (洋上の楽園クルーズ JAZZ&FRENCH Nights)	2020年2月27日(木) 〜2月29日(土) 3日間

✶ 本格的なショーが楽しめる外国船

　海外船のエンターテインメントを一口で言えばラスベガスばりのショーです。スタイルの良い外国人のダンサーやシンガーが歌って踊り、ときにマジックを繰り広げる華やかなショーが繰り広げられます。

　例えば2020年に日本発着クルーズを予定しているMSCベリッシマでは、**シルク・ドゥ・ソレイユのオリジナルショー**を見ることができます。高い芸術性を誇る世界的ショーが無料で楽しめるなんてクルーズならではの醍醐味です。

ダイヤモンド・プリンセスのステージ

✶ 特別なテーマのあるクルーズなら日本船

　日本船では、飛鳥Ⅱの「若大将クルーズ」、ぱしふぃっくびいなすの「世界自然遺産屋久島クルーズ」、にっぽん丸の「瀬戸内国際芸術祭クルーズ」など、**特別なテーマを決めたクルーズを提供しています。**

✶ 寄港地に関するレクチャーで楽しみが２倍に

　ぱしふぃっくびいなすの「世界自然遺産屋久島クルーズ」では「小笠原に生息するウミガメの生態について」、の講演があります。

　にっぽん丸の「瀬戸内国際芸術祭クルーズ」では芸術祭の総合ディレクター北川フラム氏の講演があります。**そうした講演を聞くことで寄港地での楽しみがより深まります。**

部屋のクラスはクルーズの楽しさとは比例しない。自分にあった部屋を選ぼう。

※ どの部屋でも同じように食事、ショーは楽しめる

　初めてクルーズを申し込むとき内側の部屋とバルコニー付きの部屋の料金差が10万円以上あるのを知ると、その違いはどの程度なのか？　と悩むと思います。映画『タイタニック』では下のクラスの部屋は明らかに差別的な待遇を受けていましたから心配しますよね。

　しかし、そんな心配はまず無用です。**どの部屋の乗客であっても、基本は同じ食事、エンターテインメントを平等に楽しめます。**違いが出るのは船の乗り降りくらい。部屋のクラス順が適応されます。

　ただしスイートルームだけは別です。相当高いお金を払っている分、専用のレストラン、乗下船での優先、エンターテインメントの優先席など、いろいろな特典がついて、特別待遇になっています。

※ 海側VS内側か、どっちがよいか

　バルコニーのない部屋は下層デッキに設置されることが多いです。同じデッキに廊下を挟んで並んでいることがよくあります。部屋の広さはほとんど同じですが、**海側は外光が入るので開放感があり、朝の外光を浴びて目覚めることができます。**ただし、下のデッキにある海側の部屋の中には窓が小さかったり海水で汚れたりしていて、それほど明るくない場合もあるようです。内側は鏡を使って部屋を広く見せている船もあり、寝るだけと割り切れば快適です。

第2章 ✳ クルーズの選び方から申込み

✳ 外側ＶＳバルコニー付きの部屋、どっちがよいのか

　クルーズ好きの中には絶対にバルコニー付きでないと嫌だという人がいます。**それはバルコニーがあると、海を見ながら歯を磨いたり、朝食を食べたり、お茶を飲んだりとクルーズらしい体験ができるからです。**とは言えバルコニー付きは料金が高いのが難点。1泊2泊のショートクルーズや冬場のクルーズだと、バルコニーに拘らなくてもよいかと思っています。

✳ 海側の部屋はいろいろある

　バルコニー付きの部屋はどの船でも似たような構造ですが、海側の部屋は船によって特に日本船は相当違っています。

　飛鳥Ⅱの海側はＫステート（一部視界が遮られる）もＦステートでも広めにとった窓から**明るい日が差し込みインテリアも高級感があります。**

　にっぽん丸の海側にデラックスツインがありますが数部屋しかありません。**海側の多くはステートルームで4階のスーペリア、3階のコンフォート、1階のスタンダードの3種類があります。**ステートルームは下にいくほど窓は小さくなり、部屋はドミトリーのような機能的な造りになっていきます。

　ぱしふぃっくびいなすの海側（ステートルーム）は窓の大きさ、階数、前方か真ん中か後方かの違いで6種類に分かれています。部屋のインテリアは基本的にどれも同じ。すごい高級感はありませんが落ち着いたインテリアで寛げます。

　外国船ではコスタネオロマンチカは海側の部屋が多いですが、ダイヤモンド・プリンセス、MSCスプレンディダはバルコニー付きが断然多く海側はかなり少ないです。

29

出港時間、入港時間、滞在時間。
クルーズを選ぶときの確認ポイントはココ。

✵ 朝に出港するクルーズは前泊が必要になる場合も

　出港時間がイコール乗船する時間ではありません。乗船手続きをする必要があります。**乗船時間が指定されていますので、その時間までに必ず到着するようにしましょう。乗船時間はクルーズ船によって異なりますが、出航時間の1～3時間程度前になります。**

　船は遅刻厳禁で乗船受付に遅れると乗船できません。交通機関が乱れる可能性もあるので、自宅から遠方にある港を午前中に出発するクルーズの場合、前泊も視野に入れる必要があります。特に飛行機を使う場合は代替手段も少ないので要注意です。

✵ 寄港時の入港、出航の時間をチェック

　寄港地での計画を立てる場合は寄港地の発着時間も確認しておきましょう。なぜなら**寄港が午前か午後かで観光プランが大きく違ってきます。**寺院や美術館はだいたい16時半か17時に受付締切で遅くも18時には終了してしまいます。もしクルーズ船の入港時間が午後だと行けるところが限られてしまいます。

　また午前入港であっても滞在時間が短いと行きたい観光スポットを回りきれないことになります。

第2章 ✳ クルーズの選び方から申込み

✳ 行きたい観光地にちゃんと行けるか

たとえクルーズ船のパンフレットに載っていたとしても、実際に自力で行こうとするとハードルが高い観光スポットがあります。

電車やバスで行こうと思っても港からそこまでの交通手段がなかったり運行間隔が開きすぎていて限られた滞在時間では使えないことがあります。**港は不便なところにありがちで自力で行ける観光の範囲は実はそれほど広くないです。**

もし「○○に寄港したら絶対に△△に行きたい」という希望がある場合、**余裕をもって自力で行けるかのシミュレーションをしておきましょう。**その結果、無理だとわかったときは、滞在時間に余裕があるクルーズを選び直すか、オプショナルツアーに含まれていないかを確認しましょう。

✳ レンタカー営業所が近くにあって使えるか

行きたいところがオプショナルツアーに含まれていない場合やオプショナルツアーが好きでない場合はレンタカーになります。**港から行ける範囲内にレンタカーの営業所があるかも確認しておきましょう。**タクシーもありですが、高額になる覚悟があるかが問われます。

✳ テンダーボート使用かどうかの下船方法を確認しよう

大型船で離島などに行く場合、船からテンダーボートに乗り換えて港に接岸することがあります。通常の下船に比べて、テンダーボートの下船は時間がかかりますので、その分滞在時間が短くなることを考慮しておきましょう。また通常テンダーボートでは車椅子や足腰の弱い方の下船はできません。

31

クルーズ料金にどこまで含まれるのか、しっかり確認しておこう。

✵ 日本船のクルーズは基本オールインクルーシブ

日本船はサービス料や港湾税も含まれているオールインクルーシブの料金です。

ダイニングルーム以外の場所、カフェやラウンジなどに座ってコーヒーや紅茶などを頼んでも無料（アルコール類、特別なソフトドリンクは有料）。いちいち課金されないので、気軽に休憩できます。また船室内に置かれたミネラルウォーターも無料、なくなれば補充してくれます。

●クルーズ料金に含まれる

- ●船の運賃
- ●部屋代
- ●食事
- ●飲み物（ソフトドリンク）
- ●エンターテインメント
- ●大浴場、プールなど船内設備

- ●サービス料（チップ）
- ●港湾税

＋

●含まれない

- ●国際観光旅客税（海外寄港の場合）
- ●ビザ（必要ない国もある）

- ●アルコール
- ●有料レストラン
- ●美容室
- ●エステ
- ●オプショナルツアー
- ●インターネット

2019年8月現在

第2章 ✳ クルーズの選び方から申込み

✳ 外国船のクルーズ料金はチップや港湾税は別途

　広告で大きく表示されている外国船のクルーズ料金には、チップや港湾税は含まれていません。**これらの料金は別途請求されますので合計額をしっかり確認しておきましょう。**

●**クルーズ料金に含まれる**　　　●**含まれない**

- ●船の運賃
- ●部屋代
- ●食事
- ●エンターテインメント
- ●プールなどの船内設備
- ●託児所[1]

+

- ●チップ
- ●港湾税
- ●国際観光旅客税
- ●ビザ（必要ない国もある）

- ●アルコール[2]
- ●飲み物[2][3]
- ●有料レストラン
- ●美容室
- ●エステ
- ●オプショナルツアー
- ●インターネット

[1] 託児所がない船もある
[2] コスタネオロマンチカの場合アルコールを含む飲み放題付きのプランもある
[3] ダイヤモンド・プリンセス、MSC ではビュッフェで無料のコーヒー・紅茶・水・ソフトドリンクを提供

2019年8月現在

✳ ドリンクパッケージを利用しよう

　外国船ではソフトドリンク飲み放題、アルコール飲み放題、飲物の種類を特定化したものなど、さまざまドリンクパッケージを販売しています。条件と料金を確認してリーズナブルだと思えば申込を。課金される煩わしさがなくなります。

33

クルーズの申込み先は
船会社に直接か、旅行代理店経由がある。

✴ 日本船は直接でも代理店経由でもOK

　日本船の飛鳥Ⅱ、にっぽん丸、ぱしふぃっくびいなすの3隻は、公式ホームページや電話で仮予約し、その後に送られてくる申込書を郵送することで申込ができます。旅行代理店を通じて申込みする場合も電話や代理店ホームページから仮予約し、その後に申込書が郵送されるので返送するのは同じですが、書類の書式や封筒などは旅行代理店のものが使用されます。**クルーズ料金は船会社直接でも旅行代理店経由でも同じ料金です。**

✴ 外国船は旅行代理店からの申込みが基本

　外国船の場合は日本語による案内のホームページがあってもそこから仮予約できない場合が多く、予約は契約している旅行代理店を通して申込みをします。例外はコスタネオロマンチカで、日本語のホームページからのオンライン予約が可能です。

✴ チャータークルーズは主催している会社

　チャータークルーズは船を1隻貸切って行うクルーズのことです。その場合は主催する旅行代理店に申込をします。

✴ 旅行代理店は船以外も含めて対応可能

　船会社はクルーズに関連したことしか対応してないので、例えばクルーズの前後に観光したい、前泊の宿泊先を紹介してほしいなど

第2章 ✳ クルーズの選び方から申込み

の相談に応じてもらえません。

その点、旅行代理店はクルーズの予約を受けるだけでなく一緒に観光プランを考えてくれます。乗船時間に合わせた電車や飛行機の手配、ホテルやレンタカーの予約まで一括で頼めます。港以外の情報にも詳しいので、例えば「鹿児島に寄港するけど、指宿に行って砂風呂に入れる？」といった観光の相談にものってもらえます。

✳ パッケージツアーなど多彩なプラン

また旅行代理店が企画したパッケージツアー（クルーズ＋現地の観光＋飛行機・電車）もあり、多彩なプランからクルーズの旅を選択できます。大手代理店の場合はその会社のポイントもたまって他の旅行に使うことができます。

✳ 外航船ではクルーズにどれだけ詳しい代理店か

その代理店が各クルーズ船の特徴、コースの違い、寄港地の情報など、どれだけ詳しいかが旅行代理店の満足度の差になります。例えば「有料レストランのおすすめメニューは？」という質問に答えられないとちょっと残念な会社な気がします。

また、クルーズ船会社の予約システムの端末を設置し、さらにその操作に精通した担当者がいるのかも、大きな違いになります。操作に慣れた人がいれば、予約の時点ですぐに部屋の空き具合を確認し予約できるので部屋番号もすぐに決定します。さらに、ツインかダブルかというベッドの置き方、食事時間、ハネムーンや記念日などもその場で入力してもらうことで行き違いが防げます。

クルーズ専門の代理店はクルーズ船の値下げ情報やお得なクルーズの情報をいち早くつかんでメールマガジンなどで顧客に連絡してくれるところがありますので、仲の良い代理店をつくっておくのもおすすめです。

コラム

旅行代理店を紹介

クルーズ部門を持つ大手旅行会社

大手の旅行代理店はサポートが手厚いのが特長。クルーズについての説明会を開いたり、乗船時の専用ヘルプデスクを設置したりしています。ツアー参加者のお世話をする添乗員が同行するプランもあり安心して参加できます。

JTB

https://www.jtb.co.jp/cruise/
クルーズについての高度な専門知識を持つ「クルーズ・マスター」を有し、顧客それぞれが快適で安心して楽しめるコースを提案。サイト内の「燦（きらめき）くる〜ず」では、長年のロングセラーを誇る、飛鳥Ⅱで催される日本周遊クルーズ。日本の美しい景色の数々を楽しめる寄港地バスツアーも人気。

阪急交通社

https://www.hankyu-travel.com/cruise/
1・2名催行のクルーズから添乗員同行プランまで豊富。説明会の開催や、クルーズ旅行の専門カウンターがあり、サポートもしっかりしている。

近畿日本ツーリスト

http://www.knt.co.jp/theme/cruise/
初心者向けのコースも多く扱い、ファミリーにも適したプランも。HPはベストシーズンや目的から探すことができ便利。サイト内の「クラブツーリズム」では、さまざまな日本船のチャータークルーズも提供している。

第2章 ✣ クルーズの選び方から申込み

チャータークルーズ

チャータークルーズは一社で一隻を貸し切ったクルーズです。チャーターならではの独自サービスが売りになります。

🚢 ジャパネットホールディングス

https:// www.japanet.co.jp/shopping/cruising/msc2020spring.html
2020年日本初就航となるMSCベリッシマの全船貸切クルーズを2020年に8回実施する。

クルーズ専門の旅行代理店

🚢 クルーズプラネット

https://www.cruiseplanet.co.jp/
H.I.Sグループのクルーズ専門の会社。1名から利用できるパッケージや、添乗員同行のツアーなど、さまざまな旅行プランを設定。

🚢 ビュート

https://www.bute.co.jp/
新進のクルーズ専門会社ながらも、スタッフが全員クルーズ・コンサルタントの資格を持ち、質の高いプランを提供。問い合わせ後1営業時間以内に回答など、スピーディーな対応も強み。

🚢 IACEトラベル

https://www.iace.co.jp/cruise/
日本発着や日本寄港のツアーのほか、女性無料の婚活クルーズや天体観測特典クルーズなど、ユニークな独自クルーズを企画。

送られてきた申込用紙に記入し、返送。さらに申込金を振り込んで予約完了。

仮申込み

① **ホームページで仮申込みをする**

船会社や旅行代理店のホームページから仮申込みをします。このときに**代表者の名前や住所、電話番号、メールアドレス、部屋の希望などを入力します。**旅行代理店の中にはパスポートナンバーや有効期限まで求めるところもあります。

ダイヤモンド・プリンセス、MSCは旅行代理店を通しての予約のみになります。コスタネオロマンチカはホームページからオンライン予約が可能です。

仮申込みの1〜2日後

② **電話やメールで連絡がくる**

申込みをするとすぐに代表者宛に電話やメールで連絡がきて、予約内容の確認があり、このとき希望の部屋が空いているかどうかがわかります。

この時点では仮予約をした状態になります。

部屋が空いていないときは、キャンセル待ちか、他のクラスの部屋に変更か、仮予約をキャンセルかを聞かれます。キャンセル待ち場合は自分が何番目になるのかを聞いて、そのまま仮予約で待つかを決めます。一般にクルーズ船の予約は一番高い部屋と安い部屋から埋まっていくと言われています。

第 2 章 ✻ クルーズの選び方から申込み

仮予約から4日〜1週間

③ 旅行申込書が送付されてくる

仮予約をした後、**すぐに「旅行申込書」が入った封筒が代表者宅に送付**されてきます。そのほか、封筒には「申込金請求書と振込用紙」、「旅行パンフレット」、「申込みから出発までの案内」「旅行保険のパンフレット」、「旅行条件書」、「返信用封筒」などが入っています。

申込みから出発までの案内　　書類送付の案内

旅行申込書の受取り後1週間くらい

④ 申込金の支払いで予約成立

クルーズの「申込金請求書」に従って振込みをします。申込金額は日本船でクルーズ料金の10〜20％程度、外国船は船によりますがクルーズ料金の30％以上のこともあります。**この支払をもって予約成立となります。**振込期限は旅行申込書の封筒が届いてから1週間くらいと短いので要注意。入金が遅れてしまうと**予約取消になる可能性**があります。
支払いはだいたいどこの会社もクレジットカードでも可ですが、クレジットカード払いの場合は全額の一括入金が条件になる会社もあります。

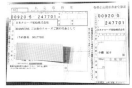

申込金請求書

> 旅行申込書の受取り後2週間くらい

⑤ 旅行申込書に記入し返送する

「旅行申込書」の欄に同行者も含めて氏名・生年月日、性別、住所、職業、パスポートナンバー、パスポートの有効期限を記入します。

「旅行申込書」の返送期限は2週間程度しかないので、来たら早めに記入して返送しましょう。 パスポートの申請中でナンバーが不明のときは、そのことを事前に連絡しておけば未記入でも大丈夫です。パスポートのコピーを求めてくる旅行代理店もあります。

> 乗船1か月前

⑥ オプショナルツアーや旅行保険申込む

オプショナルツアーの案内が来る時期は会社やクルーズによって異なりますが、**オプショナルツアーは定員があるので行きたい場合は早めに申し込みましょう。** 旅行保険の案内も来ますので、必要を感じたら申込みをします。

オプショナルツアーの案内

寄港地での楽しみ方案内

旅行保険の案内

乗船2週間前

⑦ 乗船書類一式が送られてくる

乗船の2週間くらい前になると**乗船書類一式が入った封筒が送られてきます。**

中には「乗船券」、「スケジュール表」、「クルーズ船ガイドブック」、「健康状況質問票」、「注意事項」、「宅配便の案内や伝票」、「荷札」が入っています。

「乗船券」には船室の番号が書かれていますので、船内図と照らし合わせると、どの辺りの部屋なのか調べることができます。

乗船券

クルーズガイド

乗船5日前

⑧ 宅配便を送る

荷物を送りたい場合は乗船書類に入っていた「宅配便の伝票」と「荷札」を使っておくります。伝票がない場合は案内にある宛先に送ります。

宅配便の締め切りは乗船日の5日くらい前と早いので気をつけましょう。

当日

⑨ 乗船

当日は**「乗船券」、「健康状況質問票」、「パスポート（海外寄港の場合）」**を忘れずに持っていきましょう。

コツ cruise 14

外国に寄港するツアーでは、
パスポート有効期限やビザに注意しよう。

✴ パスポートの期限に注意

　海外寄港があるクルーズでは申込時の書類にパスポートナンバー、有効期限を記入します。どのクルーズ船もパスポートの有効期限をクルーズ終了時に6か月以上の残存していることを条件にしています。

　パスポートの再取得が必要なときは申込時に申請予定であることを伝えて予約を確定し、取得後すぐに必要事項を連絡します。出港までに時間が迫っている場合は取得後に予約確定となると思います。

✴ ビザや電子認証登録必要になる国

　韓国、台湾、中国、米国自治領（グアム、サイパン）は短期間の滞在に限りビザや電子認証登録は不要です。クルーズでの寄船は短期なのでビザは不要になります。

　ロシアはサンクト・ペテルブルグ寄港（バルト海クルーズなど）、コルサコフ寄港、ウラジオストック寄港などの場合、ロシアへの入国に際して、観光ビザが必要になります。

✴ ロシアの観光ビザの取得方法

　ロシアの観光ビザの申請はロシア大使館まで行き直接申込むか、ホームページから電子ビザを申込むかの2通りです。ビザ申請料金は発行までの日数により無料〜1万円の幅。申請手続きは自分でも

できますが、旅行代理店に代理申請を頼んだ場合は手数料（相場5千〜1万円）がかかります。

ホームページから申請する電子ビザだと申請料は無料。しかし、ネットの投稿などを見た限りでは簡単というわけではなくハードルがそれなりに高そうです。

✳ オプショナルツアー参加でロシアの観光ビザ不要

クルーズでのロシアはだいたい1日程度。それなのにビザ取得の料金も手間も大変だと思う人に朗報です。**オプショナルツアーを申し込むとビザの取得が不要になることがあります。**

例えば、にっぽん丸の「初秋のサハリンクルーズ」（2019年9月）では、コルサコフのオプショナルツアーに申し込めば、ビザ取得は不要でした。ロシアに寄港するクルーズに行く人は、オプショナルツアーでのビザが不要かどうかを確認してみましょう。

出港1か月前に届いたにっぽん丸「初秋のサハリンクルーズ」のパンフレット

クルーズのキャンセル料金を確認しておこう。

※ クルーズのキャンセル料金は早くから発生する

クルーズ船では早期割引での予約を1年以上前から受付ています。早期割引は安く確実に部屋を確保できるのでクルーズファンには人気があります。**しかし、クルーズの予約はホテルなどの予約に比べてキャンセル料金が早くからかかります。**安いからと気軽な気持ちで予約すると後で痛い目に合うので、注意してください。

日本船（飛鳥Ⅱ・にっぽん丸・ぱしふぃっくびいなす）のキャンセル料金

●国内クルーズの場合

- 旅行開始日の前日から起算してさかのぼって21日前まで無料
- 旅行開始日の前日から起算してさかのぼって20日前〜8日前 旅行代金の20%
- 旅行開始日の前日から起算してさかのぼって7日前〜2日前 旅行代金の30%
- 旅行開始日の前日 旅行代金の40%
- 旅行開始日の当日 旅行代金の50%
- 旅行開始後の解除または無連絡不参加 旅行代金の100%

●海外クルーズの場合

- 旅行開始日の前日から起算してさかのぼってピーク時※の旅行である場合、41日前まで無料
- 旅行開始日の前日から起算してさかのぼってピーク時の旅行である場合、40日前〜31日前まで旅行代金の10%
- 旅行開始日の前日から起算してさかのぼって31日前まで無料
- 旅行開始日の前日から起算してさかのぼって30日前から3日前まで旅行代金の20%
- 旅行開始日の前々日、前日、当日（旅行開始後を除く）旅行代金の50%
- 旅行開始後または無連絡不参加旅行代金の100%

※「ピーク時」とは、12月20日〜1月7日、4月27日〜5月6日、7月20日〜8月31日の期間をいいます

2019年8月現在

第2章 ✵ クルーズの選び方から申込み

✵ 日本船のキャンセル料金

　国内寄港のみの場合、出航日の20日前からキャンセル料金が発生。海外寄港がある場合のキャンセル料金は時期によって異なりますが、ハイシーズンの場合40日前から発生します。

✵ 外国船では予約日からすぐにキャンセル料金が発生場合も

　船会社によって異なりますが、**外国船は日本船に比べると早い時期からキャンセル料金が発生します。格安プランだと予約確定したその日から発生します。**

　キャンセル料金が100％になる時期も早いです。多くのクルーズ船が1か月前〜2週間前の時期からキャンセル料金が100％の割合になります。

　つまり外国船の場合、安いからとりあえず予約し後でよく考えようという行為はNG。ちゃんと計画を遂行できる自信と鉄の意志が必要になります。

✵ 外国船クルーズでは旅行代理店の取消手数料もかかる

　旅行代理店を通して外国船の予約をした場合、船会社のキャンセル料金とは別に旅行代理店の取消手数料がかかることがあります。旅行代理店は予約の際に海外に為替送金したり、何度もやり取りしたりしているので、その分の手数料です。

　取消手数料金が発生するタイミングや割合はそれぞれの旅行代理店で違っています。旅行代理店から想像していた以上の多額の手数料を要求されてびっくりしたという話も聞きますので、事前にしっかり確認しておきましょう。

45

ファミリーでクルーズを楽しもう！
子ども連れがチェックするポイントはココ！

　"大人の旅行"のイメージが強いクルーズですが、近年、外国船では子どもでも楽しめるプランが多く出てきています。さらに**子ども料金無料や、キッズ向けサービスを設けているクルーズ船**も。船ごとに子ども連れにお得なシステムが違うので、自分に合うものを探してみましょう。

子ども料金無料のクルーズ船

　日本発着が多い外国船3隻のうち、コスタ ネオロマンチカとMSCベリッシマの2隻は、子供のクルーズ料金が無料です。適用年齢は船によって多少異なりますが、どちらも小学生の子どもまではカバーできます。ただし、**チップや港湾税等の税金は子どもでもかかってくるので注意**が必要です。

子どものクルーズ料金

2019年8月現在

コスタ ネオロマンチカ	MSCベリッシマ	ダイヤモンド・プリンセス
13歳未満無料（大人2名以上と同室の場合に限る）	12歳未満無料（大人2名以上と同室の場合に限る）	子ども料金の設定なし
チップは4～12歳は大人の半額。3歳以下は無料	チップは2～11歳は大人の半額。2歳未満は無料	0歳から大人と同じ金額
港湾税等の税金は大人と同じ金額がかかる		

3～4人で泊まれる部屋がある

　ダイヤモンド・プリンセスでは、全カテゴリーの客室が3人もしくは4人で宿泊OK。コスタ ネオロマンチカはスイートデラックス（パノラマ・グランド含む）以外の部屋で4人まで宿泊できます。MSCベリッシマは、内側キャビン、海側キャビン、バルコニー海側キャビンなどで4人まで使用可能です。ただし、**いずれの船も3人目と4人目はエキストラベッドやソファベッド、2段ベッドなど簡易的な**

第2章 ✷ クルーズの選び方から申込み

ベッドの使用になることが多く、また、部屋数に限りがあるので、予約時に確認が必要です。

　ダイヤモンド・プリンセスは2015年から、スイートかジュニア・スイートに宿泊すると、3人目と4人目の宿泊が無料になるキャンペーンがあります。子どもが一緒だと荷物も多いので、できるだけ広めのスペースを確保したいもの。部屋のグレードを上げてみるのも手です。

子どもや喜ぶアトラクション

　外国船では長い滞在で子どもが飽きないように、さまざまな工夫がされています。1つは船内のプール。子どもも利用でき、MSCベリッシマのプールにはウォータースライダーなど、子どもが喜びそうな遊具もあります。ダイヤモンド・プリンセスでは、プールサイドの屋外シアターで映画上映。子どもを遊ばせながら、大人は映画鑑賞ができます。また、子ども専用のプレイスペースを備えた船もあり、MSCベリッシマにはさまざまなレゴブロックと遊具があります。

キッズサービス

　親たちがゆっくり船内で過ごせるように、各船には託児所も兼ねた子ども向けの施設も。中には、親が寄港地ツアーに行っている間、子どもを預かってくれるところもあります。それぞれ年齢別にわかれており、ゲームや工作、スポーツ、ダンスなど、その年齢に応じたイベントや遊び道具などが充実しています。

ダイヤモンド・プリンセス「ユース&ティーンセンター」	3〜17歳
コスタ ネオロマンチカ「スクウォッククラブ」	3〜11歳
MSCベリッシマ「ミニクラブ・ジュニア」	3〜11歳

子ども連れにピッタリのクルーズ

　クルーズ船内だけでなく子どもも楽しめる寄港地ツアーを組み込んだコースがあります。2019年に販売されたコース例を挙げるので、参考にしてください。

熊野大花火と夏の日本南国めぐり9日間（ダイヤモンド・プリンセス）
沖に停泊して、『熊野大花火大会』を船上から観覧。

日本の夏! 竿燈・ねぶた・よさこい・阿波おどりに沸く 周遊クルーズ・韓国12日間（ダイヤモンド・プリンセス）
境港の『水木しげるロード』や『徳島市阿波おどり』を体験。

ツアー選びの参考にしよう！
人気のクルーズはコレ

　日本発着のクルーズだけでも、日本船・外国船合わせて年間数百のコースがあります。寄港地は日本国内に限らず、韓国や台湾など近場の外国の港も含まれます。中には、お祭り鑑賞などが組み込まれたものもあります。人気のあるクルーズの主なパターンをご紹介します。

日本周遊クルーズ

　文字通り、日本をぐるっと一周するツアーです。国内の有名な景勝地をめぐる寄港地が設定されているので、**主に、新緑や紅葉が楽しめ気候もよい、春と秋に行われます。**ダイヤモンドプリンセスなどの外国船は、本州と四国、九州に加えて、韓国の釜山や済州島が寄港地に加えられる傾向があります。一方、日本船（飛鳥Ⅱ・にっぽん丸・ぱしふぃっく びいなす）は、日本国内で完結するパターンが多く、近隣の外国には寄航しない代わりに北海道がプラスされたりすることがあります。10日間を超えるクルーズは6～8か所程度寄航し、最低ランクの部屋で外国船では20万円程度から、日本船ではおよそ倍の金額が目安になっています。

夏祭りクルーズ

　徳島の「阿波おどり」、青森の「ねぶた祭り」など**日本を代表するお祭り期間中に設定されるため、夏のお盆前後に集中しています。**2019年は日本船3船とダイヤモンド・プリンセスで、2020年にはコスタ ネオロマンチカでもねぶた祭りが見られるツアーが設けられています。日本船では、特別観覧席で見学ができるものも。また、夏には、お祭りだけでなく花火を鑑賞できるクルーズもあり、沖に停泊した船の上からゆったりと見られるために人気が高くなっています。2019年は、「熊野大花火大会」や「伊東温泉海の花火大会」を見られるクルーズが開催されました。

第2章 ✳ クルーズの選び方から申込み

北海道クルーズ

　日本船で7〜9月に企画されることが多く、北海道の港を2〜3か所回るのが一般的です。発着は北海道内になることもあります。函館や小樽、釧路が寄港地になるケースが多く、寄港地は、風情のある街並みを散策したり、自然の中でトレッキングしたり、新鮮な海の食材を使ったグルメを味わったりと、北海道ならではのさまざまな見どころが詰め込まれています。

離島クルーズ

　観光地として人気のある離島をめぐるクルーズです。**日本船のにっぽん丸とぱしふぃっく びいなすで企画されています。**北海道の利尻島、奥尻島、礼文島、沖縄の西表島や与那国島、石垣島、宮古島、本州では小笠原諸島が寄港地になることが多いです。北海道の離島ではハイキングを含めた寄港地ツアーが行われます。

台湾クルーズ

　沖縄を経由して、台湾まで足をのばすコースは、2つの目玉観光地が楽しめるとあってとても人気があります。外国船ではダイヤモンド・プリンセスやコスタ ネオロマンチカで行っており、両方とも2019年から2020年にかけて複数回開催され、横浜、神戸など複数の港が発着場所として設定されています。船が那覇発着の場合もあり、自宅から那覇、那覇から自宅までの飛行機はほとんどが自己手配です。那覇と台湾を直行するツアーのほか、沖縄の離島に寄港するツアーもあります。

飛行機と組み合わせるクルーズ

　発着の港のどちらかを海外に設定し、**行き、もしくは帰りは飛行機を使うクルーズがあります。**台湾や韓国など、日本から近い海外で設定されているのは種類は限られますが、往復乗船するクルーズより日数が少ないために価格が抑えられ、2万円台からのプランも。「ますはお試しクルーズがしたい」という人は手が出しやすい価格になっています。片道の飛行機代が込みのクルーズと現地集合・解散のクルーズがあります。

初めての人はお試しで、まずは1泊2泊程度のクルーズを体験してみよう。

✹ ショートクルーズで試してみよう

　初めてのクルーズとしておすすめなのが日本船の1泊2泊のショートクルーズです。

　ショートクルーズのプランが多いのは春、秋、クリスマスのシーズンです。横浜港から横浜港のように同じ港に戻ってくるコースと神戸港から横浜港のように片道のコースがあります。

　特に週末や祭日に設定されたショートクルーズは大人気。かなり前に予約しないと希望の部屋が取れないこともあります。

✹ ショートクルーズは外洋に出ないので揺れない

　横浜港から相模湾を一周して横浜港に到着する、飛鳥Ⅱの1泊ショートクルーズに80代の母と乗船したことがあります。天気がよかったので揺れはほとんどなし、そのときが初クルーズだった母も大変喜んでくれました。

　揺れがとにかく心配だと思っているなら、沿岸近くを行くショートクルーズから試してみるのはありです。

✹ クリスマスはワンワイトクルーズがいっぱい

　日本船は12月になると、クリスマスクルーズのシーズンになります。どの船も1泊〜2泊の特別なクリスマスクルーズを何回も提供します。横浜、名古屋、神戸などから各地から出発するので参加もしやすいです。お試しに乗船するのにぴったりかと思います。

第2章 ✳ クルーズの選び方から申込み

●クリスマスクルーズ例

飛鳥Ⅱ	Xmas 横浜・名古屋 ウィークエンド ワンナイトクルーズ	2019年12月13日(金)～ 12月14日(土) 2日間	¥50,500～ ¥240,500
	神戸発 Xmasグループ サウンズ クルーズ	2019年12月18日(水)～ 12月20日(金) 3日間	¥101,000～ ¥507,500
	Xmas JAZZ ON ASUKAⅡ	2019年12月22日(日)～ 12月24日(火) 3日間	¥101,000～ ¥507,500
にっぽん丸	サンタクルーズ東京 ／名古屋	2019年12月19日(木)～ 12月20日(金) 2日間	¥42,000～ ¥191,000
	ウィークエンド 神戸 クリスマスクルーズ	2019年12月21日(土)～ 12月22日(日) 2日間	¥39,000～ ¥204,000
	瀬戸内海クリスマス クルーズ～にっぽん 丸の贈り物～	2019年12月22日(日)～ 12月24日(火) 3日間	¥87,000～ ¥432,000
ぱしふぃっく びいなす	クリスマスクルーズ 神戸	2019年12月20日(金)～ 12月21日(土) 2日間	¥45,000～ ¥153,000
	クリスマスクルーズ 大阪	2019年12月21日(土)～ 12月22日(日) 2日間	¥54,000～ ¥162,000
	クリスマスクルーズ 横浜	2019年12月25日(水)～ 12月26日(木) 2日間	¥52,000～ ¥162,000

クルーズに安くに行くには早割や直前割を狙おう。日本船は株主優待で1割引になる。

★ 外国船はいろいろな割引を駆使しよう

　日本船と違い外国船クルーズ代金は基本的には変動制で申込時期によって大きく異なります。**早めに申し込むことで割り引かれる早期申込割引（早割）は、船によっては50％程度の割引になることもあります。**早割で申し込んだ場合は、あとでやっぱり行くのは無理、ということもあるのでキャンセル規定はよく調べておきましょう。

　早割のいい点は料金が安いというだけでなく人気の部屋タイプも空いているので、選び放題というメリットもあります。

　出発日が近づいてきても部屋が埋まらない場合に割引価格で放出されることもあります（直前申込割引）。

　その他、主なクルーズの割引制度には以下のようものがあります。

コスタ	●**未来割**：かつて乗船したことがある場合に割引になる（リピータ割引） ●**Welcome Price**：1人10000円の船内で使えるオンボードクレジットが付いてくる ●**VALUE PRICE**：ドリンクパッケージがない、部屋の確定が2週間前などいくつかの条件がある代わりにお手軽料金となる他に同室の13歳未満の子供が2名までが無料
プリンセスクルーズ	スイート客室の場合に3～4人目が無料（キャンペーン）、リピータ割引。
MSC	同室の12歳未満の子供が無料。リピータ割引。18～29歳、65歳以上の場合の割引料金。

2019年8月現在

第2章 ✺ クルーズの選び方から申込み

✺ 日本船は割引のほかに株主優待が狙い目

　日本船のクルーズの場合、基本的には申込時期で料金が変わることはありませんが、安く乗る方法はあります。

　外国船のように大きな割引ではありませんが、**世界一周やアジアクルーズのような長期のクルーズには早期全額支払割引や早期申込割引が設定されています。またお得な子供代金やファミリー割引が設定されていることもあります。**

　日本船にはいずれも乗船した人だけが申し込める無料の会員制度があり、特別な割引が受けられます。飛鳥IIはアスカクラブ、ぱしふぃっくびいなすはびいなす倶楽部、にっぽん丸はドルフィンズクラブという名前になっています。

　飛鳥Ⅱとにっぽん丸は株主優待による割引も受けられます。飛鳥IIは日本郵船の株を3月末に100株以上保有していれば1割引の優待券が送られてきます。にっぽん丸は商船三井の株を3月末と9月末のいずれかに100株以上保有しているとそれぞれで1割引の優待券が貰えます。チャータークルーズなど対象外となるクルーズもあるので条件を確認して利用しましょう。

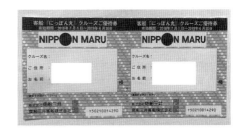

53

コツ cruise 20

乗船するほどに優遇される
リピーターのための会員クラブ！

船会社には乗船すればするほど優遇されるリピーターのための会員クラブがあります。1回の乗船で会員になれますから、登録しておきましょう。

●アスカクラブ（飛鳥Ⅱ）

入会金・年会費／無料	申込方法／船室にある申込用紙を船内で渡すか郵送

特典

- ●会員誌「飛鳥」やオリジナルカレンダーを送付
- ●アスカクラブ特別割引のクルーズ
  全区間に乗船で20%割引、25%割引の特別代金が設定されたクルーズ等
- ●乗船した泊数に応じて次回クルーズ（チャータークルーズを除く）で使える優待割引券の発行（有効期限クルーズ終了後2年）

  1泊2日のクルーズ……………………………3,000円割引の優待券
  2泊3日のクルーズ……………………………5,000円割引の優待券
  3泊4日以上6泊7日までのクルーズ………15,000円割引の優待券
  7泊8日以上……………………………………25,000円割引の優待券
- ●泊数に応じた特典

  100泊達成 オリジナル記念品

  200・300・400泊達成 20万円割引券、客室アップグレード券1枚、船上クーポン5,000円

  500泊達成 記念品モデルシップorカタログギフト、20万円割引、客室アップグレード券2枚、船上クーポン10,000円

  600・700・800・900泊達成 20万円割引券、客室アップグレード券2枚、船上クーポン10,000円

  1000泊達成 カタログギフト、写真パネル、20万円割引券、プラチナメンバー客室アップグレード券、船上クーポン15,000円

  1100・1200・1300・1400泊 20万円割引券、プラチナメンバー客室アップグレード券、船上クーポン15,000円

  1500泊達成 カタログギフト、20万円割引券、プラチナメンバー客室アップグレード券、船上クーポン20,000円

2019年8月現在

第2章 ✳ クルーズの選び方から申込み

●ドルフィンズクラブ（にっぽん丸）

入会金・年会費／無料	申込方法／船室にある申込用紙を船内で渡すか郵送

特典
- 会員誌「海」やオリジナルカレンダーを送付
- ポイント制度で割引（有効期限下船した年から2年後の年末）
  泊数に応じてポイント（1泊当たり2000ポイント）を積算（チャータークルーズを除く）。デラックスルーム、スイートルームの場合はそれぞれ25%、50%が加算。
  1000ポイント＝2,000円としてクルーズ料金から割引

2019年8月現在

●びいなす倶楽部（ぱしふぃっくびいなす）

入会金・年会費／無料	申込方法／船室にある申込用紙を船内で渡すか郵送

特典
- 会員誌「ふれんどしっぷ」を送付
- 会員対象のイベント・パーティーの開催
- 乗船した泊数に応じて次回クルーズ（チャータークルーズを除く）で使える優待割引券の発行（有効期限クルーズ終了後1年）
  1泊2日のクルーズ………………………………3,000円割引の優待券
  2泊3日のクルーズ………………………………5,000円割引の優待券
  3泊4日以上6泊7日までのクルーズ………15,000円割引の優待券
  7泊8日以上………………………………………25,000円割引の優待券

2019年8月現在

●キャプテンズサークル（ダイヤモンド・プリンセスなど）

クルーズに一度参加すると、自動的に登録される

特典
- **ゴールド・メンバー**（2〜3回目、または2〜30泊目のクルーズ）
  船内でのメンバー限定イベントへの招待、メンバー特典ピン等
- **ルビー・メンバー**（4〜5回目、または31〜50泊目のクルーズ）
  ゴールド・メンバーの特典に加え、リフレクションズDVDの10%割引等
- **プラチナ・メンバー**（6〜15回目、または51〜150泊目のクルーズ）
  ルビー・メンバー特典に加え、優先チェックイン、下船時の専用ラウンジ利用、150〜500分のインターネット・カフェ無料接続サービス等
- **エリート・メンバー**（16回目以上、または151泊以上のクルーズ）
  プラチナ・メンバー特典に加え、無料クリーニング、靴磨きサービス、室内無料ミニバー（ソフトドリンク／アルコール）、アメニティーグッズのアップグレード等

2019年8月現在

コラム

一度は乗りたい！　世界一周クルーズ！

日本船であこがれのクルーズへ

　船上でのパーティやグルメ、世界の国々を訪れての異文化体験など、日常とはかけ離れた優雅な時間が過ごせる世界一周クルーズ。日本船でも、3隻とも世界一周クルーズを実施しています。

　中でも「飛鳥Ⅱ」は、2018年に行われたツアーでは即日完売したというほどの人気ぶりで、知名度、ゴージャス度とも頭1つ抜けています。価格も3隻の中で最も高く、最低ランクの部屋で400万円前後。他の2隻とは100万円くらいの差があります。

　「にっぽん丸」は美食の船で知られ、食にこだわりたい人におすすめ。

　「ぱしふぃっく びいなす」は洗練された中にもアットホームな雰囲気があり、親しみやすいと初心者に人気があります。

　日本船の企画で多いのはだいたい100日前後で、20以上の寄港地をめぐるもの。毎年実施されるわけではないので、こまめな情報のチェックが必要です。ちなみに「飛鳥Ⅱ」は、2020年に世界一周クルーズを実施予定。シンガポールやギリシャ、イタリア、ベルギー、ノルウェー、メキシコなどをめぐります。

日本でも有名な外国船「クイーン・エリザベス」

　豪華客船の代名詞といえるこの船。2014年の世界一周クルーズの日本初寄航で話題になりました。全行程は4か月ですが、日本寄航のタイミングで途中参加のツアーが販売されることもあります。

✳ 第3章 ✳

乗船準備から乗船の手続きのいろいろ。乗船後すべきこと。

荷物が多くなりがちなクルーズ。
宅配便を使って荷物を送るとらくに乗船できる。

✹ TPOに合わせた服と靴、水着も必要

クルーズはとにかく荷物が多くなりがちです。ざっと考えただけでも朝はTシャツにパンツ、寄港地観光で着るシャツやパーカー、夕方以降のディナー用のドレスやジャケット、部屋着にパジャマ、着替えの下着、プールの水着、スポーツジムのウェア。さらにファッションに合わせた靴を2、3足。念のために折りたたみ傘、寄港地のガイドブックなどなど、みるみるうちにスーツケースはパンパン状態になります。

私の場合は2〜5冊の本も必ずもっていくのでとにかく荷物が多くなってしまいます。毎回、膨らんだ荷物をどうコンパクトにまとめるのか課題になります。

✹ 宅配便で荷物を送る

そんな人のためにクルーズ会社は宅配便による荷物集荷の案内をしています。

乗船案内の封筒に宅配便の指定伝票（ＳＧムービング、ヤマト運輸など）が入っている場合は、それを使用して船室番号名前などの必要事項を記入し宅配業者を呼びます。このとき指定の宅配業者以外は利用できないことが多々ありますので注意してください。伝票がない場合は宅配便の送り方の案内が入っていますので、それに従って宅配便の送り先の住所等をきちんと記入して手配をします。これを使えば重いスーツケースを苦労することなく部屋まで届けても

らえます。

　一泊のショートクルーズの場合は宅配便を受け付けないので注意してください。

✦ 宅配便の締め切りが早いので注意

　注意したいのは宅配便の締め切りが早いことです。**出港日の5日前には荷物発送の締切りが来ます。**もたもたしていると発送日を過ぎてしまい、自分でスーツケースをゴロゴロ転がして持ち込むしかなくなります。乗船券が届いたら、荷物をまとめ始めることをおすすめします。

✦ 荷札にも部屋番号と名前を記入

　宅配便を送るときは案内と一緒に入っていた荷札を利用します。部屋番号と名前を記入し、送りたい荷物やスーツケースにつけます。

　宅配便を使用しない場合でも、荷札に記入して荷物につけておけば、港で手続き前に手荷物を預けることができますので、荷札は捨てないでとっておきましょう。

荷札

✦ 帰りも宅配便を使おう

　寄り道する、満員電車の時間帯にぶつかるなど、帰りも宅配便を使いたいときは船から送ることができます。**船で受付をして荷物に宅配便のタグをつけておけば送ってくれる船や下船後にスーツケース受取り場所で受付する船があります。**また飛鳥Ⅱのように最初から往復宅配便が使える船もあります。

　なおフロントに宅配用の段ボールやテープを用意している船もありますので、お土産で荷物が増えた場合は聞いてみましょう。

一通りのアメニティが揃っている日本船。
外国船は歯磨きセットを持参しよう。

※ いろいろ揃っている日本船の室内

日本船はバスルームにシャンプー、コンディショナー、ボディソープ、ひげそりセット、ヘアブラシ、歯みがきセットが用意されています、そのほか、ドライヤー、ミニ金庫、室内用スリッパもあります。

湯沸かしポット、お茶類、ティーカップも用意されています。冷蔵庫には水、ソフトドリンクが入っていて、ミネラルウォーターは無料で、1日1回補充されます。

※ 外国船ではシャンプー、歯磨きは持参しよう

外国船では歯磨きセット、髭剃り、ヘアブラシは用意されていませんので、必ず用意しましょう。

リンスインシャンプー、ボディソープがありますが、品質はあまりよくないので持参した方がよいです。ミニ金庫、ドライヤーはあります。室内スリッパは部屋のクラスによってはない場合もあるようです。

湯沸かしポット、お茶類、ティーカップは用意されています。冷蔵庫には有料のドリンク、ミネラルウォーター、おつまみ類が入っています。

✹ どの船も部屋着はありません

クラスが上の部屋はバスローブが用意されている場合もありますが、**どの船も浴衣やビジネスホテルにあるような部屋着の類はありません。**安眠とリラックスのためパジャマや部屋着を持っていきましょう。

✹ 外国船のシャワーブースは狭い

外国船では部屋にバスタブがあるのはまれで、ほとんどの部屋がシャワーブースのみです。しかし、この**シャワーブースがかなり狭いです。仕切りがシャワーカーテンの場合は水がトイレや洗面所まで飛んで床がビショビショになります。**そのためいつも私はカーテンを可能な限りギリギリまでしっかり閉め、さらにシャワーと洗面所の間にバスマットで土手を作って、正に水も漏らさぬ準備をしてからシャワーを使うようにしてます。

✹ タオルアートにも注目しておこう

クルーズ船特有の遊びとして、**部屋のタオルを使ったクルーによるタオルアートというものがあります。**タオルで表現されるのはウサギや子犬といった小さいものからサルのような大物までさまざま。毎日変えてくれるクルーズ船もあり、クルーズを飽きさせないための一つのサービスになっています。

出発港まで車で行くことにすると ギリギリまで荷造りできる。

✵ 天気予報を見ながら荷造りをする

　船への宅配便は便利ですが荷物の締切が早いので、直前の天気予報を確認して荷造りすることができないのが欠点です。特に春や秋のクルーズの場合は、**晴れていれば汗ばむほど暑く、天候が悪いと寒くて震えるという正反対の状況になりますので、直前の天気予報を確認して服選びをしたいところです。**

　そんなとき心強い味方が車で荷物を積んで港に向かうという方法です。

　天気予報をにらんでギリギリまで荷造りできますし、帰りにお土産が増えても車に載せて帰れるので楽ちんです。

　ただし、この方法は同じ港に戻ってくるクルーズにしか使えないので、万能の対策ではありませんが。

✵ 横浜・大さん橋から乗船の場合は車がおすすめ

　横浜の大さん橋旅客ターミナルは下の階が駐車場なっているので、荷物の運搬がとても楽な港です。

　通常、大さん橋国際旅客ターミナルの駐車料金は1日あたり平日15000円、休日2000円ですが、2階のインフォメーションでクルーズの乗船券を見せれば**クルーズ割引が適用され1日1000円になる**のも魅力的です。

　大さん橋の周辺は赤レンガ倉庫街などがあってそれなりの観光地なので、土日に利用する場合は駐車場が混む可能性があります。心

配なときはホームページから予約できますが、残念ながらその場合クルーズ割引は使えないです。

✺ コスタネオロマンチカは駐車場が無料のことがある

日本海クルーズを展開しているコスタネオロマンチカは金沢港や舞鶴港で駐車場無料のサービスを実施していることがよくありますので、確認してみましょう。

私は金沢でコスタネオロマンチカの無料駐車場を利用したことがありますが、東京ナンバー、神奈川ナンバーの車が何台も停まっていました。下船後は車を使い苔で有名な白山平泉寺、宇奈月温泉、黒部のトロッコ列車まで足を延ばして帰りましたが、車があればクルーズの前後に周辺の観光地を組み合わせることもできます。

金沢の駐車場　　　　　　　　　白山平泉寺

> **クルーズメモ**
>
> ### 東京国際クルーズターミナルが2020年開業
>
> 2020年7月14日、東京港に新たなターミナルとして東京国際クルーズターミナルが開業します。場所はお台場の船の科学館のそばで、最寄駅はゆりかもめの東京国際クルーズターミナル駅（船の科学館駅から改称）となります。4階建ての建物で、ボーディングブリッジは2基あります。対象船舶は22万トン級と世界最大級のクルーズ客船の受け入れが可能です。新たな港の開業でこれまで日本に来なかったクルーズ船の可能性も期待されます。

港での乗船手続きは出港時間の 2〜3時間前までに済ませよう。

✵ 乗船時間と出港時間に注意

2週間前くらいになると送られてくる乗船書類一式の中に「予定表」や「乗船手続きのお知らせ」があります。それで自分の乗船時間を確認できます。

クルーズ日程表

乗船・下船の案内

乗船手続きは寄港が日本国内の場合は1時間くらい前、外国に寄港する場合は3〜4時間くらい前から始まります。**乗船手続きのカウンターが閉鎖された後は、たとえ船が接岸していても乗船はできないこともありますので遅刻は厳禁です。**交通機関が乱れる可能性もあるので早めに到着しておいた方が安心です。

第3章 ✳ 乗船準備から乗船手続き

そのせいか、早めに来て乗船受付が開始されるのを待っている人が少なくないです。大型船ともなると3時間以上前から大勢の人が集まってきて、集合場所はガヤガヤした雰囲気になります。

✳ デッキ番号や部屋番号で呼ばれて乗船手続き

乗船手続きは料金が高い部屋ほど先になります。**一般にクルーズ船は上のデッキほど料金が高いので、乗船手続きは上から順になることが多いです。**もちろんスイートルームは一番最初で、なかには4時間以上も前から乗船可能な船もあります。

旅行代理店が販売したクルーズの場合、その代理店のカウンターですることもあるようです。

乗船手続きでは乗船券と一緒に送られてきた健康状況質問票を提出しますので、事前に自分の健康状態を記入しておきましょう。記入していない場合は、その場で書くように言われます。

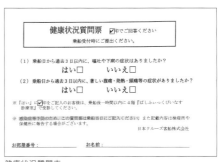

健康状況質問表

✳ 海外寄港の場合は出国手続きも行う

海外寄港のクルーズでは次の寄港地が海外の場合は出国手続きも乗船手続きと一緒に行いますので、時間がかかります。次の寄港地が国内の場合は海外寄港の直前に船内で手続きを行います。船によってはパスポートの顔写真ページのコピーが必要な場合もあります。パスポートは乗船手続き時には返却されず船で一括管理されることが多いです。

65

乗船カードはいつでも胸からぶら下げ行動するのが、クルーズの行動スタイル。

✵ カードキーを兼ねている乗船カード

乗船手続きを済ませると乗客全員に手渡されるのが乗船カードです。このカードには次のような3つの機能があり、乗船中は**必ず携帯しておく必要があります**。

乗船カード

① カードキー

乗船カードがカードキーになっています。乗船カードを部屋に置き忘れてしまうと**ドアが開かず部屋に入れませんよ**。乗船カードの中にはセキュリティを考えて部屋番号が入っていないものもあります。

② 身分証明

乗船カードには氏名、性別、年齢などの個人情報のほか船室番号、利用できるメインダイニングや夕食の指定時間、有料のドリンクパッケージなどの**各乗客のクルーズライフに関する情報が入っています**。また、乗下船の際にはこのカードを読み取ることで、乗客の出入りを管理しています。

ダイヤモンド・プリンセスでは避難訓練の参加チェックも乗船カードを読み取ることで行っていました。

第3章 ✳ 乗船準備から乗船手続き

③ キャシュレス機能

　クルーズ船上の支払いはすべて**乗船カードを提示で済むキャシュレスの世界**です。レストランでの有料ドリンクの注文、ショップでの買物、スパの利用などすべて乗船カードを見せてサインするだけで決済できます。このときレシートを渡されますので、下船の清算のときに確認用としてちゃんと保管しておきましょう。

　支払いは明細書が届いてからフロントなどでクレジットカードか現金で行います。下に書いたように事前にクレジットカードを登録しておけば、その必要はありません。外国船の乗船時に現金払いを希望する場合は、先に米ドルでのデポジットを150〜300米ドルくらい求められます。

④ クレジットカードの登録

　乗船カードにクレジットカードの登録ができます。登録すると、**自動的にクレジット払いになり、下船時に清算する手間を省けます。**

　クレジットカード登録方法は船によって異なり、乗船手続きのときにする船もあれば、好きなときにフロントで登録できる船、船内にクレジットカード登録機がある船もあります。クルーズ船ではクレジットカードの支払いが便利にできていますが、使えるカードの種類が限られているので、先に調べておきましょう。

クルーズメモ
乗船カードの色が違うダイヤモンド・プリンセス

ダイヤモンド・プリンセスに乗船すると乗客が首にかけている乗船カードの色がさまざまなことに気がつきます。これは乗船回数によってカードの色が違うためで、初回はブルー、2〜3回目か2〜30泊目はゴールド、4〜5回目か31〜50泊目はルビー、6〜15回目か51〜150泊目はプラチナ、16回以上か151泊以上でブラックです。カードの色によってリピーター特典もあります。

67

コツ 26 cruise

出航イベントを楽しんだ後に
避難訓練で集合する必要がある。

✦ テープ投げやシャンパンで出航

出航セレモニーで私が好きなのがプロムナードデッキ（船を1周できるデッキ）で行われるテープ投げ。ドラが鳴るなか色とりどりのテープが風に舞って「ボンボヤージュ！」。たとえ1週間の船旅であっても世界一周の旅に出るような気分になってきます。ちなみに紙テープはクルーが渡してくれますので持っていく必要はありませんよ。

このときシャンパンやソフトドリンクがデッキでふるまわれます。シャンパン片手に立つ姿は絵になりますので、ぜひ撮影しておきたいものです。

大型のクルーズ船ではテープ投げの代わりに船内ロビーのシャンパンタワーやトップデッキでの出航イベントを開催するところもあります。

なお、こうした出航イベントはショートクルーズや出航港が複数設定されているクルーズでは実施されないこともあります。

✦ 出航するとすぐに避難訓練が待っている

部屋に入ると宅配便で送った荷物が届いています。スーツケースから服や本などを出して整理をし終えると、部屋着に着替えてくつ

第3章 ✳ 乗船準備から乗船手続き

ろぎたい気分になりますが、そのままでいてください。なぜなら、すぐに避難訓練に参加しないといけないからです。

避難訓練は国際法で出航後24時間以内の実施が義務づけられていますので、たとえ1泊のクルーズであっても行われます。乗客の参加は絶対で点呼や乗船カードで出欠を確認されます。訓練は自分が所属する救命艇ごとに集合しますので、クルーの指示に従って集合場所に行くことになります。

集合するとライフジャケットの扱い方などの説明があって解散になります。所要時間は10〜15分です。

クルーズメモ

カメラマンが乗船している

乗船口の前で待っているのが、「は〜い、こっち向いて笑ってください〜」と声をかけてくるカメラマンです。

このカメラマンの人、テープ投げなどの船内イベントや食事のときなどにも現れてバシャバシャと写真を撮っていきます。

そうして撮影された写真はフォトシップの壁に貼りだされて、1枚1000円くらい（高い！）で売り出されます。

乗船したら早めに船内マップを片手に各デッキを探検しよう。

一番上のデッキから探索していく

　一つの街のように船の中にさまざまな施設があるクルーズ船は、慣れないとすぐに迷子になって、今どこにいる？　となってしまいます。

　それを避けるために**乗船したらなるべく早めに船内探検に出かけましょう。おすすめなのが夕食まで時間がある避難訓練の後です。**

　まずは船内マップで自分の位置を確認し、デッキ順に歩き回りましょう。船内マップは手のひらサイズのコンパクトなものが船室内に用意されているので、それを持ちながら回るとよいと思います。

手のひらに入るサイズのコスタネオロマンチカの船内マップ

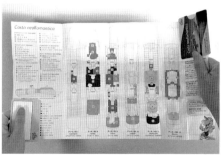

広げれば大きくなるので持ち歩きに便利。このようなクルーズマップはどのクルーズ船にも置いてあるので、これをもって船内を歩きまわりましょう。

第3章 ✳ 乗船準備から乗船手続き

✳ サンドイッチ構造のクルーズ船

クルーズ船の構造はサンドイッチに似ています。真ん中の具が客室デッキで、その上下のパンの部分にレストラン、バー、プールなどの船の施設があります。それをイメージしながら回ると頭に入りやすいです。

まずはエレベーターで一番上のデッキまで行き、そこから順番に降りてくると全体がつかみやすいと思います。

エレベーターは船首、真ん中、船尾に設置されていますので、ビュッフェやレストランなどよく行く場所とエレベーターの位置関係を覚えておくと迷子になりにくいと思います。

✳ メインダイニングの位置を確認しておく

まずは必ず行く必要があるメインダイニングの位置を確認しておきましょう。例えばダイヤモンド・プリンセスは5ヵ所のメインダイニングがあり、利用できるダイニングが指定されます。とにかく大きな船なので事前に自分のダイニングの場所を確認しておかないと、ディナータイムになって場所を探してウロウロする羽目になりかねません。

✳ 行き止まりがあるクルーズ船

多くのクルーズ船にあるのがシアターなどの大型施設で分断され通り抜けできないデッキです。その関係でエレベーターも途中で分断されていることがあります。

そうした構造が頭に入っていないと、大きな船の中を目的の施設を探してぐるぐる回るはめにおちいります。

それを避けるためには、まずは船内マップをよく見て先に行き止まりデッキを見つけ、迂回ルートを考えておくのが早道です。

71

右舷、左舷は部屋番号で決まる。
ドアに印をつけると迷わない。

✹ 右舷、左舷は部屋番号できまる

船室が並んでいるフロアは同じデザインの扉がず〜と続いていて、自分の部屋を探すのに一苦労です。そんなときのコツの一つが部屋番号で右舷、左舷を確認する方法。まずは進行方向をチェックしましょう。**左舷側は偶数番号の部屋、右舷側は奇数番号になる場合が多いです。**逆の場合もありますが、偶数、奇数は同じ側に並びます。

✹ ドアに印をつけると迷わない

クルーズ船の長い廊下を歩いていると、時々、**マグネット式のオブジェや小さなお人形が付いている部屋を見かけます。**そんな部屋は遠目からでも目立ちます。乗船カードの中には安全のために部屋番号が入っていないものもあります。そんなときドアに何か印をつけておくと自分の部屋を見つけるのが早くなります。

クリスマスクルーズにはドアをリースで飾っている部屋もあります。見ているだけで楽しい気分になります。

✳ 第4章 ✳

ダイニングや
ビュッフェの利用法や
楽しみ方

朝のビュッフェは混みがちで、人気の窓際のテーブルは順番待ちになる。

✵ 朝はビュッフェスタイルの食事

クルーズ船の朝はビュッフェから始まります。**7時台から混みはじめ8時ごろにはピークになります。**その時間帯だと海が見える窓際のテーブルに座ろうと思ったら席取りは必須で、終りかけているテーブルを見つけて辛抱強く待つしかありません。

ビュッフェの混雑がイヤならトレイに好きなものを取って、空いている**プールサイドのテーブルに移ったり、部屋のベランダで食べるのもありです。**ただし、お料理の追加を取りに行くのが面倒ですが。

✵ 日本船は和食の朝食を提供

日本船はメインダイニングで和定食を食べられます。焼魚、のり、お味噌汁、旅館の朝ご飯のようなメニューで、なかなか美味しいです。

第4章 ✳ 船内の食事

　またダイヤモンド・プリンセスも外国船ながらダイニングルームで和定食を提供してくれます。

✳ 昼はビュッフェかランチメニュー

　外国船の多くが朝から深夜までビュッフェがオープンしていますので、昼食もビュッフェになりますが、ダイヤモンド・プリンセスのようにメインダイニングでランチを提供する船もあります。

　日本船はビュッフェかメインダイニングでの昼食が提供されます。献立は麺類など軽めのものが多いです。

✳ ビュッフェの飲み物は無料

　ビュッフェのカウンターに置いてある飲み物は基本無料です。外国船は部屋のミネラルウォーターをはじめカフェでの飲み物などドリンクは有料なので、ビュッフェの無料の飲み物はちょっと嬉しいです。とはいえ無料の飲み物（コーヒー、紅茶の類）はあまりおいしくありません。例外として**ダイヤモンド・プリンセスのビュッフェで提供されるレモネード。**これはけっこう美味しくて、私のおすすめです。

クルーズメモ
混雑する朝のビュッフェは場所取りグッズも持参しよう

ビュッフェレストランでお料理を取りに行くときに便利なのが、なくしても惜しくないようなハンカチやポーチ。これをテーブルに置いておけば、席を立っても場所がわかりますし、他の人にテーブルが使用中であることを示せます。

外国船のメインダイニングでの料理の注文はメニューの番号でしよう。

✺ カタコトの英語で注文OK

メインダイニングのウェイターはフィリピン人などの外国人が大半です。日本語のわかる人はあまりいませんが、注文程度ならカタコトの英語で通じます。英語が苦手でも身振り手振りで頑張って注文してみましょう。

✺ 日本語のメニューも置いてある

外国人クルーばかりですが実は日本語メニューもちゃんと用意されています。

お料理には番号がついていますので番号で注文できます。番号ならちゃんと通じているか心配する必要がありませんし、メニューの番号を指さすだけでも注文できます。

✺ チップは不要

外国船に乗っていて外国人クルーにサービスをされると、チップを置く必要がある？と心配してしまいますが、心配はご無用。**その都度チップを払う必要はありません。一括して下船時に精算されるようになっています。**

第4章 ✳ 船内の食事

✳ 外国船のディナーはプリフィックスメニューが多い

外国船のディナーはメニューに並んだ料理から「お好きなものをどうぞ」と言われるプリフィックスメニューです。前菜、スープ、魚、肉、デザートという順で好きなものを選んでコースにしてもよし、コースにこだわらず好きなお料理だけを選んでもよしなので、気楽にオーダーしましょう。

以前にダイヤモンド・プリンスに乗船したときには、プリフィックスに和食（しかも冷ややっこ！）が入っていました。そう書くと料理が適当みたいですが、そんなことはなくてクルーズ料金を考えるとダイヤモンド・プリンセスの料理はかなりクォリティが高いです。デザートも手抜きがなく特にチョコレート系は絶品です。

日本船では、飛鳥Ⅱは各カテゴリー数種のお料理から選んでコースにするプリフィックスです。にっぽん丸とぱしふぃっくびいなすは選択できなくて同じコース料理になるのが基本です。

✳ コスタネオロマンチカは入口に実物が並んでいる

「鶏のコンフィとはどんな料理ですか？」「えーと、えーと鶏です」という乗客と外国人ウェイターの不毛なやり取りを防ぐためか、**コスタネオロマンチカではメインダイニングの入口にその日のメニューの実物が並んでいます。**各料理にはメニュー番号が付きメモする紙まであるので、そこで自分が食べたい料理を決めてからテーブルで注文できます。

ディナーの時間は２回制になっていて乗船申込み時に選択する。

✲ 食事時間は遅めが空いている

　クルーズ船はメインダイニングでの夕食が２回制になっているところが多いです。

　時間は船によって異なりますが１回目17時半、２回目19時30分くらいで、1回目だと夕食を食べるには早すぎ、2回目だと遅すぎる気がして悩むところです。

　乗船申込の段階でどちらの時間にするかの希望を出しますが、日本人が多く乗船する船では１回目を選ぶ人が多いように感じます。そのため、1回目を選ぶとテーブルが混雑しがち。それで最近の私は席に余裕がある２回目を選ぶことが多いです。私が好きな夕暮れの景色を見ながらのディナータイムを実現しやすいからです。日が暮れるのが遅い秋や冬だと２回目だと外はもう暗いですけどね。

　ちなみに乗客数が少ないクルーズの場合は２回制だったのを１回制に変更することもあります。

　なお、外国船の中にはディナータイム3回制をとっているところもあります。

✸ 夕食時間に合わせてショーも2回制

ディナーの時間に合わせて夜に行われるメインのエンターテインメントも2回制になっています。1回目の夕食の人は食後にショー（2回目）を見て、2回目の夕食の人は食前にショー（1回目）を見ることになります。

食後にショーを見るほうが落ち着いて見られて好きなど、ショーと食事にこだわりがある人は、食事とショーの時間関係を頭に入れて夕食の時間を選びましょう。また、それが乗船理由になるような人気のあるショーの場合は事前の席取りも激しくなりますから、それも考慮の上で食事時間を考える必要があります。

✸ ウェイターは担当が決まっていることも

基本的にウェイターはテーブルことに決まった担当がいることもありますので、その人にアイコンタクトを取ってオーダーをしましょう。

その場合、近くに来たからと言って違う担当に注文を頼もうとしても、聞いてくれないことがあります。

✸ 夕食時のコーヒー、紅茶は無料

夕食時のアルコールは乗船カードで購入しますが、**食後のコーヒーや紅茶は無料です。**

ミネラルウォーターは日本船以外では有料のことが多いです。

ダイヤモンド・プリンセスは、乗船して最初のディナーのときに大きなボトルのミネラルウォーターを購入し、ボトルキープよろしく毎晩そこから水をグラスに注いでくれました。

海側の席は大人気。
どうしても座りたいなら早めに行こう。

指定の時間の前に並んでいる

　生真面目な日本人の習性なのか夕食時間の10分前にはメインダイニングの入口に人が並び始めて、開始時間前に列ができます。時間になると順番に案内されることになるのですが、**人気はやっぱり海が見える窓際の2人席。そこからテーブルが埋まっていきます。**

　それなので、どうしても窓際の2人席に座りたい人は早めにダイニング前で待つことをおすすめします。

　「別に海が見えるテーブルにこだわらないけどね」、という人でも実は早めがいいです。遅く行くと、グループ用の大きな円卓しか残っていなくて、他の人と相席になってしまいがちだからです。しかし、同じクルーズに乗り合わせたよしみで相席になった他の乗客と仲良くなることもあります。それはそれで、寄港地の情報交換をしたり船の感想を言い合ったりして楽しいひと時です。

席の決め方はクルーズ船で違う

　飛鳥Ⅱ、にっぽん丸、ぱしふぃっくびいなすの**日本船3隻のメインダイニングは特に注文しない限り窓際から順に席に案内されます。**

　外国船はウェイターが席決めを仕切っていることが多く、窓際が空いていても案内されないこともあります。もしかしたら部屋のクラスが席決めに関係しているのかもしれません。ちなみにダイヤモンド・プリンセスは、最初に案内された席がずっと固定席になり、クルーズ中は毎回そこに案内されます。

第4章 ✹ 船内の食事

✹ 窓際でなくてもいい

　私はけっこう窓際の席が好きで海に沈む夕日を見ながらのディナーを愛してきました。しかし、よく考えてみると、日が沈むと外は真っ暗でほとんど見えません。むしろ外が暗い分、窓が鏡のようになって自分の間抜けた顔が映ります…**それなら窓際にこだわるよりも隣と適度な距離がある雰囲気のよい2人席とか、ウェイターがガチャガチャとすぐ近くで作業しない席にこだわった方がよいかもしれません。**

✹ メインダイニング入口でのチェック

　コスタネオロマンチカはメインダイニングに入るとき部屋番号や食事時間が印字されている食事券を提示しないと中に入れませんので、忘れないようにしてください。ダイヤモンド・プリンセスは指定のレストランかどうかを乗船カードで確認します。

コスタネオロマンチカの食事券

✹ 入口で消毒を忘れずに

　船では集団食中毒が発生することを防ぐために、レストランの入口に消毒用アルコールを置いていたり、食前の手洗いを推奨しています。何百人も乗船している船で食中毒が発生するとあっという間に感染が広がってしまいます。面倒がらずに、消毒や手洗いに協力しましょう。

メインダイニングもいいけど、好きなときに食事ができるビュッフェが便利。

✴ 自由な時間に食事ができるのが魅力

ビュッフェは時間制のメインダイニングと違って自分のペースで食事ができるのが魅力。ビュッフェを使いこなせば、好きなときにプールに入り、映画を見て、ショップを覗き、本を読み、お腹が空いたら

食事をする、そんな贅沢で自由きままなクルーズライフを実現できます。寄港地で美味しいものを食べたので軽食ですませたいときも使い勝手がいいです。

それにビュッフェなら着替えの必要もウェイターにアイコンタクトをとって注文する手間もありません。その手軽さゆえ、気がつくとメインダイニングから足が遠のき、ビュッフェばかりなってしまうこともありがちです。

✴ ビュッフェが充実している外国船

外国船のビュッフェは早朝から夜遅くまで、深夜の時間帯を除きオープンしている場合が多いです。

料理の種類も充実していて選ぶのに迷うほどです。お料理のレベルもダイニングとビュッフェがほとんど変わらない船もあるので、それなら好きに料理が選べるビュッフェの方がよかったりします。

第4章 ✳ 船内の食事

私が乗船したなかでビュッフェが充実していると思ったのがダイヤモンド・プリンセスです。プライムリブ、カレー、お寿司、ラーメン、サンドイッチ、フルーツ何を食べても美味しいです。パンの種類も多いです。マーガ

リンではなくバターを出しているところもポイント高いです。

✳ 上層デッキにあるビュッフェは眺めがいい

中層・下層デッキにあるメインダイニングに比べて、上層デッキにあるビュッフェの方が眺めが良い場合があります。コスタネオロマンチカのデッキ10にあるビュッフェは窓が大きくて景色がすごく良く見えます。

おすすめは釜山港の夜景。コスタネオロマンチカで夜に釜山を出港するときは、ビュッフェに行ってみてください。 素晴らしい景色を見ることができます。

✳ 子連れファミリーやグループで騒がしい

気軽で便利なビュッフェですが騒がしいのが難点と言えば難点です。 格安の子ども料金がある場合ビュッフェは子連れや大人数のファミリーがいて賑やかです。夜遅めに利用するとか時間差で利用するのも手です。

コツ cruise 34
終日航海の日はグルメ三昧。
アフタヌーンティーやスイーツを楽しもう。

✹ 終日クルーズの日は食べることに専念する日?

クルーズ船の最大の楽しみは「食」と言ってもよいくらい、クルーズ船ではバラエティに富んだ食べ物が提供されます。朝昼夕の食事はもちろんのこと、ビュッフェに並んだケーキ、デッキで食べられるアイスや小腹が空いたときのピザ、夜食のハンバーガーと、食べる気になればいくらでも食べられます〜♪。

終日クルーズの日はそんな食べ歩きをする絶好のチャンスとも言えます。

ダイヤモンド・プリンセスはイギリス船籍だけあってアフタヌーンティーを提供してくれます。人気のアクティビティになっているので集合場所へは早めに行きましょう。アフタヌーンティーがタワーみたいな容器でサービスされないところは少し残念ですが。

日本船のスイーツで一番人気はにっぽん丸のゴディバのショコリキサーでしょう。これが無料とは〜と感動しながら、以前、乗船したときは毎日にようにいただきました。

✲ 軽食や夜食も食べておこう

ビュッフェがつね開いているわけではない日本船ではラウンジやカフェでサンドイッチやパン、ケーキなどが提供されます。例えば**飛鳥Ⅱの昼食後に11階のリドデッキで食べられるハンバーガー**が有名ですし、**ぱしふぃっくびいなすはお粥、麺類、巻き寿司、フルーツなど夜食**が充実していて驚きます。

✲ 有料レストランに行ってみるチャンス

1日ずっと船の中で過ごす日は船内の有料レストランに行く絶好の機会です。

イタリア船のコスタネオロマンチカならピザレストランがやはりおすすめ。ピザ職人がピザ窯で焼く本格的なピザは一度食べておきたいものです。ただし1枚のボリュームがけっこうあるので小食の方は要注意です。

ダイヤモンド・プリンセスなら高級イタリアンレストランで有名なサバティーニです。東京のサバティーニに比べてかなりリーズナブルな料金設定になっていますから利用しない手はありません。

✲ 有料レストランの予約は早めに

終日クルーズの日は有料レストランが混みがちです。行きたい場合は乗船したらすぐに部屋の内線電話から予約をしておきましょう。レストラン直通の内線電話だと日本語があまり通じないこともあるので心配ならフロントにしたほうがよいでしょう。

コツ cruise 35

船上でのサプライズ。
誕生日のお祝いや結婚記念日をお祝いしよう。

✦ バースデー

船上でお誕生日をお祝いしたいというリクエストには、ほとんどの船が対応してくれます。

乗船前の記入欄にその旨リクエストをしておきましょう。

バースデーのサービスで多いのが、バースデーカードが部屋に届く、ディナーのときにバースデープレートがついたケーキがサービスされる、クルーによるバースデーソングや生演奏などです。ほとんどの場合、無料でサービスが受けられます。

事前にリクエストしなくても乗船日が誕生日の場合は自動的にお祝いをしてくれることも多いようです。

ホールケーキを出してもらう、花束を渡す、写真を撮影してもらうなどの特別な対応は有料で相談すれば対応してくれます。サプライズでの演出も可能です。

✦ 結婚記念日のお祝い

記念写真やアニバーサリーカクテルのプレゼントがある船もあります。お祝いをしたい場合は事前にクルーズ会社に相談してみるとよいでしょう。

第4章 ✳ 船内の食事

✳ ウェディング

ダイヤモンド・プリンセスとコスタネオロマンチにはチャペルがあって、そこで素敵な結婚式をあげることができます。 チャペルがない船はデッキやラウンジなどの場所で船上結婚式を執り行ってくれます。

船上結婚式では、船長が立会人となり乗客やクルーのみんなが祝ってくれます。ドレスの選択肢が少なかったり、結婚式の日時は船側のスケジュール次第で決まるなど、陸上の結婚式とは違う部分も多々ありますが、忘れられない一生の思い出となるでしょう。

ウェディング費用ですが、2人だけなら4万円〜12万円程度とリーズナブルです。 クルーズの日程の問題もありますので、身内だけの少人数での結婚式に向いているように思います。

船上結婚式については2泊以上のクルーズや入籍1年以内などの条件がついていることもあります。結婚式や食事などがセットになったパッケージを用意している船もありますので、クルーズ会社に問合せてみましょう。

クルーズメモ
ルームサービスで朝食を食べよう

ベランダがある部屋の特権が海風を感じながら部屋の外で食事ができること。外国船は通常メニューならルームサービスが無料のことが多いです。ぜひベランダでゆっくりと朝食を召し上がってみてください。

ドアノブにかけて朝食のルームサービスを注文する

フォーマルナイトは結婚式のゲストのファッションでOK。一緒に場の雰囲気を作る気持ちで。

✵ ドレスやタキシードは絶対に必要？

　クルーズの楽しみでありながら、初めての人が尻込みしてしまうのがフォーマルナイトやセミフォーマルナイトではないでしょうか。

　ドレスコードがあると聞くと、「ドレスってどんなの着ればいい？」「タキシードなんて持っていない？」と心配になってくる人も少なくないと思います？

　でもそれほど気にしなくて大丈夫です！　今まで何度もクルーズ船に乗ってきましたが、**映画やCMに出てくるような恰好でキメキメの日本人に出会ったことがありません。**もちろん、地中海を航行する全室スイートの超豪華客船であれば、それなりの服装も必要かと思いますが、日本人を対象にした日本沿岸のクルーズであれば、そこまでビビる必要はありません。

✵ フォーマルナイトは結婚式のゲストのイメージ

　では、どんな格好がいいのかというと、**イメージは結婚式にお呼ばれしたゲストの服装です。結婚式にコットンのワンピースや普通のビジネススーツで行く人はいないですよね。**

　女性はロングドレスである必要はないですが、非日常のフォーマル感があるといいです。**無地のワンピースにジュエリーをつけるだけでも雰囲気は出ると思います。**私見ですが、男性は「結婚式なんだ」と思ってよくある黒い礼服をそのまま着るとかなり浮きます。

第4章 ✳ 船内の食事

　略礼服を着るなら白ネクタイではなく光沢のあるアスコットタイにするなど華やぎプラスしましょう。ダークスーツの場合は**蝶ネクタイとポケットチーフなど**をプラスするのがおすすめです。タキシードが着慣れない日本人の男性の場合、フォーマルナイトでもダークスーツの人が多いです。

✳ コスプレ感が漂っているのもＯＫ

　フォーマルナイトの目的はクルーズを楽しくするためのもの。結婚式と違って親戚や知人のうるさい目もないので、思いっきり派手にするのもありです。大き過ぎて出番のなかったアクセサリー、女優みたいなドレス、おしゃれ過ぎる蝶ネクタイなど、**日ごろできないファッションをコスプレの一種と思って思いきり楽しみましょう。**

✳ セミフォーマルとスマートカジュアル

　ドレスコードのセミフォーマルを言い換えると高級レストランに入店するときの恰好です。男性はスーツにネクタイ、女性はワンピースかスーツであればOKです。

　スマートカジュアルは、男性はジャケットに長ズボン。女性はすこし気合が入ったときのデートファッションをイメージしてください。Tシャツやタンクトップなどの砕けすぎた格好はNGです。

✳ 短いクルーズはドレスコードがない場合も

　短期の日程の場合はこれといったドレスコードが指定されていないクルーズも多いです。またドレスコードが設定されている日でも、参加したくなければそれでもＯＫ。そんなときは、指定のダイニングではなくビュッフェスタイルのレストランに行きましょう。服装を気にせず自分なりの時間が過ごせます。

89

クルーズ船のお水がまずい問題

なぜ外国船のお水がまずいのか

　外国船に乗るたびビュッフェで提供されているお水がまずいのが気になります。室内にあるミネラルウォーターは有料になるので、ビュッフェでお水をいただこうかと思うのですが、まずい…そのせいか、ビュッフェのコーヒー、紅茶もおいしくありません。

　クルーズ関係者からの情報によると、外国船のお水がまずいのは外国で安いお水を買っているからだそうです。

　たしかに日本船に乗ってお水がまずいと思ったことはありません。

ビュッフェのお水を水筒につめるのはマナー違反

　ところでビュッフェにあるお水をよくマイ水筒に注いでいる人がいますが、あれって本当はマナー違反らしいです。小さめの水筒に入れるくらいなら許容範囲内らしいですが、大きな水筒を何本も持ち込んで水を満タンにしていくというのは止めたほうがいいです。某クルーズ船ではあまりにそういう行為をする日本人が多いので、日本寄港のクルーズには全てドリンクパッケージを付けた、という話もあります。

ビュッフェのお料理は持ち出しOK?

　お水とは関係ないですが、ビュッフェのお料理のビュッフェ以外に持ち出して食べるのはどうなの？
という疑問をもつ方もいるかもしれませんが、自分の部屋とかデッキで食べるのはOKな船が多いです。私はビュッフェの喧騒を逃れて部屋のベランダで食べるデザートやハンバーガー、けっこう好きです。

第5章

船内生活を
よりエンジョイする
ために

コツ37 cruise

船内新聞は情報源。
じっくり読みこんで翌日の予定を立てるべし。

✤ 毎晩、入る船内新聞を元に翌日の計画を練ろう

充実したクルーズ生活を送る友が**毎夕にドアのところに届くクルーズ新聞**です。新聞といってもニュースが載っているわけではなく**翌日のイベント情報や下船乗船の案内、アクティビティや食事のスケジュールが表になって載っています。**この新聞をチェックして、船内での行動プランを立てるのが、クルーズライフの基本中の基本です。なお日本発着の外国船の場合は日本語での船内新聞がきます。

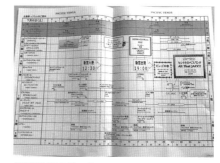
船内新聞のスケジュール

使い方はまずスケジュール表を見て気になる催し物を探して蛍光ペンなどで印をつけます。次に印をつけたアクティビティやショーの時間的な重なりと場所を確認。どっちに行くかの優先順位を決めると同時に移動ルートなどを考えます。

✤ スケジュールの立て方

スケジュールを立てるときは**10分前到着を前提にするのがコツ**です。開始ギリギリの時間に行くと目的のアクティビティが定員いっぱいだったり、よい席が取れなかったりします。また複雑な船内

の地理が頭に入っていないと、開催場所がわからずウロウロしますので、その時間も考慮に入れる必要もあります。

　特に注意したいのはそのクルーズの目玉イベントになる夜のショーの時間です。座席は先着順なので、30分以上前から席取りが始まります。のんびりと開始間際に行くと後ろの方しか席は残っていません。

✷ 船内新聞をはじめ　　紙モノでテーブルがいっぱいに

　船内新聞と一緒に配られるのが、お土産のカタログ、エステの案内、寄港地での無料シャトルバスの時刻表など。どれも人数分配られますので、すぐに船室の小さいテーブルは紙の書類でゴチャゴチャになります。

船内新聞

✷ クリアファイルを持って行こう

　配られた新聞や紙のパンフレット類をそのままにしていると、必要な情報を探すのに手間がかかることに。**そんなときに役に立つのがクリアファイルです。大事な情報を整理・管理して、最後はそのまま思い出として持ち帰れます。**

✷ 船内新聞をスマホで撮影しておこう

　行きたいところにペンで印をつけた船内新聞をスマホで撮影しておきましょう。Ａ４判でゴソゴソかさばる新聞を持ち歩かなくてすみますし、次はどこに行くんだっけ？　というときにすぐにスマホを見て確認できます。

コツ 38 cruise

港を出るとスマホは繋がらない。
船内では有料のネットワークサービスを使う。

※ 港を出るとネットも電話も使えない

港を出てしばらくするとスマホの電波は届かなくなり、ネットも電話もできなくなります。**沿岸沿いを航行している場合は陸上の電波を拾えることもありますが、基本的には使えないと思った方がよいでしょう。**そんなときは船内のWi-Fiサービスやコンピュータルームのパソコンを利用しましょう。

●Wi-fiサービス

2019年8月現在

飛鳥Ⅱ	有料	利用できる場所は「コンピュータープラザ」内など限定。ロイヤルスイート利用者は無料で自室での利用可。2020年のリニューアルで全室での利用が可能となる。
ぱしふぃっくびいなす	無料	船内パブリックスペースでの利用可。1日10回、1回あたり30分までの制限あり。
にっぽん丸	有料	利用できる場所はeカフェ＆ライブラリなどに限定。スイートルーム利用者は無料で自室での利用可。2020年のリニューアルで全室での利用が可能となる。
プリンセスクルーズ	有料	お得なパッケージ料金あり。客室での利用可。
コスタクルーズ	有料	1日、全日程、通信量などの接続プランが用意される。客室での利用も可能だが客室の位置によりつながりにくい場合もある。

第5章 ✹ 船内生活

✹ コンピュータルームでのパソコン利用

いずれの船でも有料でコンピュータルーム内のパソコンを利用できます。船によっては専用のメールサービスを用意している場合もありますが、あえて使わずともGmailやYahoo!などのウェブメールのアカウントを持っていればコンピュータルームのパソコンの通常のブラウザを使ってメールの送受信はできます。

●パソコンの利用可能状況

2019年8月現在

飛鳥Ⅱ	「コンピュータープラザ」にパソコンが置かれる。ウェブ閲覧はプリペイドカードを購入しての利用となる。乗船中のみ有効となる専用のメールアドレスを使ってのメールサービスあり。
ぱしふぃっくびいなす	「パソコンルーム」のパソコンで利用可。ウェブ閲覧はフロントで専用USBキーを受け取り、パソコンルームのパソコンに挿入することで利用できる。メールサービスは乗船中のみ有効となる専用のメールアドレスでの利用。
にっぽん丸	「eカフェ&ライブラリ」にウェブ閲覧用のパソコンあり。
プリンセスクルーズ	「インターネットカフェ」にウェブサイト閲覧用のパソコンあり。
コスタクルーズ	「インターネット・ポイント」にウェブ閲覧用のパソコンあり。

ネット利用料は最終日の精算書に請求額が記入される。写真はダイヤモンドプリンセスでの利用料。金額はドル。

ぱしふぃっくびいなすのパソコンルーム

セルフランドリー設備を使って船内で気軽に洗濯しよう。

✱ 日本船には必ず設置されているセルフランドリー室

長いクルーズですごく役に立つのがセルフランドリーの設備です。**飛鳥Ⅱ、にっぽん丸、ぱしふぃっくびいなすにはセルフランドリーがあり、無料で使える洗濯機、乾燥機、アイロン、洗剤があります。**飛鳥Ⅱは部屋番号が付いた洗濯用のバッグも部屋に置いてあり、そこに洗濯物を入れて持ち運びできるので便利です。

飛鳥Ⅱのランドリーバッグ

ただし、どの船の洗濯機も全自動洗濯乾燥機ではないので、**洗濯終了を見計らって乾燥機に移す手間が必要です。**長めの航海だと洗濯機はフル稼働になります。自分の洗濯物を人に見られるのを回避するためにも、順番を待っている人の迷惑にならないためにも、しっかり時間を測って洗濯物を回収しに行きましょう。

✱ ダイヤモンド・プリンセスのセルフランドリー

外国船はセルフランドリーがないことが多いのですが、日本で造船された**我らがダイヤモンド・プリンセスには有料ですがあります。**その点はありがたいのですが、置いてある洗濯機と乾燥機が外国製

第5章 ✸ 船内生活

で表示がすべて英語。何かアクションを求められるたび、やたらドキドキします。**まずは乗船カードで専用コインを購入し、そのコインで洗剤も購入し洗濯、乾燥などを動かします。**洗剤は外国製でよくわからないので自分のうちから持っていくのもありかと思います。

ダイヤモンド・プリンセスのセルフクリーニング

✸ アイロンを活躍させよう

私は乗船して荷を解くとすぐにセルフランドリーに行き**スーツケースに詰め込まれてシワだらけになった服にアイロンをかけています。**

セルフランドリーには霧吹きやスプレー糊もありますので、ぜひ、利用してみてください。

✸ 船のクリーニングを利用する

セルフランドリーがない船は船室で洗濯して干すか、船の有料クリーニングに出すかの2択になります。

しかし、自分で洗濯するのはけっこうハードルが高いです。洗面台で洗濯したものをタオルにくるみ足で踏むタオルドライ方式では水気がかなり残りますし、室内やベランダにはロープも張るような適当な突起がないので干すのにもひと苦労します。

そんなときは**船の有料クリーニングを利用する方がだんぜん簡単です。ドライと水洗いを選べますし、値段もわりとリーズナブルです。**ただし、高級クリーニングとは違って色落ちなどがありますので、本当にお気に入りの服にはおすすめしません。

クリーニングの袋。これに入れて依頼する

97

コツ cruise 40

日本船の大浴場は大人気。
海原を見ながら湯船につかろう。

✴ 大きな窓から海が見える

飛鳥Ⅱの展望大浴場

飛鳥Ⅱ、にっぽん丸、ぱしふぃっくびいなすの日本船3隻が外国船と大きく違うところは大浴場があることです。

いずれも眺めのよい上層階にあり、海原をみながら湯船につかれます。どの船も浴槽だけでなくサウナも完備しているので疲れをとるのにぴったりです。

✴ アメニティが揃っている

浴場にはシャンプー、リンス、クレンジング、洗顔ソープなどが、脱衣場にはバスタオル、フェイスタオル、化粧水、乳液、ボディローション、ヘアブラシ、ヘアゴム、シャワーキャップ、ドライヤーなどがひと通り用意されていますので、**手ぶらで行けます。**

大浴場に直接行くならスリッパでもOKです。温泉旅館気分で気楽に行ってみましょう。

また午後9時ごろまでは比較的空いていますが、10時から12時の間は混みやすいです。

第5章 ✳ 船内生活

✸ ダイヤモンド・プリンセスの大浴場は有料

外国船ですがダイヤモンド・プリンセスには「泉の湯」という有料の大浴場があります。屋内はオーシャンビューの湯やドライサウナ、ミストサウナがあり、水着で入る屋外は男女共用のスパプールがあります。

泉の湯

ダイヤモンド・プリンセスはミニスイート以上でないとバスタブがないので、お風呂好きの日本人を意識した施設と言えます。この「泉の湯」は日本発着以外のときは水着着用になるとか。そうなるともはやスパです。大浴場という雰囲気ではないんでしょうね。

ちなみに「泉の湯」は予約制ですから、いきなり行っても空いていない限り入れてくれません。**大人気の施設なので、行く気がある人は乗船日に予約しましょう。特に終日クルーズの日は予約はマストです。**

✸ ジャグジーで浴場気分を味わう

ジャグジーに入ると何となく温泉に入っているような気分になります。外国船に乗ってシャワーばかりでイヤになったときには、**ジャグジーに入るだけでもそれなりに癒されます。**タオルも近くに置いてありますから、部屋から水着を来ていけばすぐに入れます。ビーチサンダルを持参していると靴の着脱の面倒もなく、さらに便利です。

コツ cruise 41

船の中をいろいろ探索してみよう。
面白い発見があるはず。

✵ 写真映えスポットを探す

　正直に言うと別に写真映えスポットを探さなくてもクルーズ船はどこを撮影しても絵になる写真映えスポットばかりです。**好きなように船のデッキ、食事のテーブル、部屋のベランダからパシャパシャ撮るだけで素敵な写真になりますよ。**

　それでもおすすめを言うとすれば、

船首

船首でお決まりの映画「タイタニック」のポーズしますよね？

デッキ

船のデッキはとにかく絵になります。天気の良い日はデッキで撮影を。

船のデッキにあるモノはなんでもフォトジェニックです。

船内の装飾

船内のレストランやラウンジの装飾は可愛いのが多いです。

船長やクルーと撮影

どの船も感じよく撮影に応じてもらえます。どうせなら船長とパチリしておきましょう。

ブリッジ

横から撮ったり、真下から撮ったり、船からは地上とは違う視点でブリッジが撮影できます。

第5章 ✷ 船内生活

✷ 寄港記念盾を見に行こう

寄港記念盾というは初めて寄港した港から客船に送られる記念の盾です。**各港の土地柄が反映されたデザインになっていて見飽きない面白さがあります。**船の中にある記念盾のコーナーを探して、ユニークな記念盾を見つけてはどうでしょう。

✷ オリジナルグッズの購入も忘れずに

船で販売しているオリジナルのグッズは、最終日の前夜になると混むので早めに買っておきましょう。クルーズ船の制服を着たクマのぬいぐるみ、ロゴマークが入ったお菓子、ポーチ、船の模型。いろいろ売っています。

✷ 外国船にある免税ショップ

外国船には免税でお酒、たばこ、化粧品、バッグ、時計などが買えるお店が入っています。**免税になるのは日本の領海を出た外洋上だけなので、日本沿岸に近づくとお店はクローズになってしまいます。**買いたい物やチェックしたい物があるときは、店が開いているときを逃さずに入店しておきましょう。

コツ cruise 42

終日クルーズの日は思いきって いろいろ挑戦してみよう。

✳ 初心者が挑戦できるアクティビティに参加

　終日クルーズの日は朝からたくさんのアクティビティがあります。**船内新聞を読んで前日から何に参加するのか決めておきましょう。**

　例えば私のある日の1日をご紹介すると、

7:00	起床　プロムナードデッキを散歩
8:00	朝食
10:00	ウクレレ教室
11:30	お店を覗いてお土産を購入
12:00	昼食
13:00	デッキで氷の彫刻を見物
14:00	ジャグジー
15:00	映画鑑賞
17:00	ラウンジでお茶
18:30	エンターテインメントショー
20:00	夕食
21:30	バー
22:00	ディスコタイムに参加
23:00	大浴場
24:00	就寝

✳ カジノに行ってみよう

日本船のカジノは換金できません。 増えたチップはオリジナルグッズなどの記念品に交換できるだけです。それでも本格的なルーレット台やスロットマシンがあるので、カジノ気分は楽しめます。

外国船は日本の領海を出ればカジノとしてオープンします。 入場できるのは18歳以上です。USドルか乗船カードのクレジットカードでチップが購入できます。乗船カードの場合は1日に購入できる限度額は1500ドルが上限になりますので、熱くなりすぎを防ぐ効果もありそうです。

カジノをやったことがない人のためにどの船もカジノ教室を開催しているので、まずはそこに参加してみるのもよいと思います。

✳ 船内ツアーがある船も

クルーズ船によってクルー以外は入れない厨房や機関室などを巡る船内ツアーを開催している船があります。 普段は見ることができない船の仕組みや仕事がわかり面白いので、おすすめのツアーです。

✳ 子ども用のアクティビティ

ダイヤモンド・プリンセスでは3〜17歳の子どもや少年、少女のためのユース＆ティーンセンターを設けていて、手工芸、ダンス、タレントショー、ビデオゲームなどのプログラムを用意しています。

また、**コスタネオロマンチカには小さな子どもや幼児向けにはスクウォック・クラブという施設があり、**保育士や乗組員がアクティビティを提供しています。

コツ 43 cruise

クルーズの旅であると便利なもの。

ビーチサンダル 客室にスリッパがない場合に備えて持っていくとプールや朝のビュッフェに行くときも活躍してくれます。

水着 プールではもちろん、ジャグジーに入るときも使います。

スポーツウェア ジムで運動するときやプロムナードデッキをジョギングするときのために。

ユニクロのパーカー デッキが少し肌寒いときに羽織ったり、寄港地で小雨が降ったときにフードで雨を防いだりできます。附属の袋で小さくなるので寄港地観光でも活躍。

ユニクロのウルトラダウンベスト 薄いわりに温かく附属の袋で小さくなります。寒いときにコートの下に身につけることもできるので秋冬クルーズの友です。

マグネットフック マグネットフックは客室の壁につくので、帽子をかけたり乗船カードをかけたりします。

エコバッグ プールにいくとき、大浴場にいくときに着替えを入れたりします。寄港地で買い物するときも便利です。

第5章 ✲ 船内生活

(レジ袋) 濡れた水着を入れたり、ちょっとしたゴミを入れたり、折りたたみ傘をいれたり持っていくと重宝します。

(洗濯ばさみ) 洗面所で洗濯物を少しだけ干すとき、お菓子の袋の口をとめるときなどに利用できます。

(洗剤) ダイヤモンド・プリンセスのセルフクリーニングに置いてある洗剤は外国製なので、こだわりの洗剤がある場合は持っていきましょう。

(クリアファイル) 紙の案内や船内新聞の整理に使います。

(蛍光ペン、筆記用具) 船内新聞の時間割に印をつけたり、何かメモをするときに使います。

(マルチタップ) 限られた電源を効率よく使用するために口がいくつかついた電源タップがあると便利です。

(変圧器) 船によっては日本製の電気製品が使えず変圧機が必要になります。確認して必要なら持っていきましょう。

(携帯充電器) 船室ではスマホを使わなくても寄港地ではけっこう使用します。携帯充電器は必需品です。

(水筒) 水筒があればビュッフェのお水や温かいコーヒーなどを部屋で飲むことができます。

(常備薬) 無料の酔い止め薬を用意していない船もあるので、念のために持っていきましょう。そのほか胃腸薬、風邪薬、頭痛薬などは普段自分が使っている常備薬を持っていきましょう。

105

> コラム

日本人により愛される船をめざして！

飛鳥Ⅱとにっぽん丸がリニューアル

飛鳥Ⅱ
大浴場になんと露天風呂が設置される

飛鳥Ⅱは2020年1月にリニューアル工事を実施します。この工事では大浴場に露天風呂ができます。また、パソコンや読書が楽しめるブックラウンジを新たに設け、カジュアルレストランの「リドカフェ」「リドガーデン」を改装し、エントランスホールに大画面LEDディスプレイを設置します。さらにスイートルームに和洋客室を設けます。
また、船内（一部除く）や全客室でWi-Fi（有料）を提供。ビデオオンデマンドで映画を楽しめるサービスも開始します。

にっぽん丸
大掛かりなリニューアル工事でさらに魅力的な船に

にっぽん丸は就航30周年を迎え、2020年2月～4月にかけて大掛かりなリニューアル工事をします。メインダイニング「瑞穂」の奥に大型モニターを設置して、料理の説明や盛り付けなどイベントの企画を行います。

また、メインバー「ネプチューン」を7階に移設し、「ホライズンラウンジ」と一体化します。
スペリアステートのクラスに畳のリビングも備え3世代で過ごせる「コンセプトルーム」を新設します。さらにスイートルームに新カテゴリーを誕生させます。
船内（一部除く）や全客室でWi-Fi（有料）の提供も予定しています。

第6章

寄港地観光や下船のコツをおさえよう

寄港地が近づいてきても
すぐに下船とはならないので注意。

✵ いよいよ寄港地に着岸

　寄港地が近づくとさっそく下船して観光をしたいところですが、岸壁が真下に見えてきてもなかなか下船開始とはなりません。**船の接岸作業は事故のないよう慎重に行う必要があるため、時間がかかります。**

　そんなときは、はやる気持ちを抑えて岸壁と反対側に行って海を見下してみましょう。**小さなタグボートが巨大なクルーズ船を岸壁に押し付けて接岸作業を行っているのが見えるはずです。**

　接岸完了となったら船長による船内アナウンスがあります。無事に接岸できたことや現地の天気、気温、出港時間などがアナウンスされます。

✵ 下船はオプショナルツアーが優先される

　下船の順番はまずはオプショナルツアー参加者からとなります。**自由行動の人はデッキ順に下船することになりますから、アナウンスで自分の客室のあるデッキが呼ばれるまで待ちましょう。**

✵ 大きなクルーズ船ほど下船に時間がかかる

　下船口は一カ所ですので、大きな船ほど下船には時間がかかります。**当日の乗客数にもよりますが、自分の客室のあるデッキによっては下船開始から1時間近くかかることもあります。**

　そのため、自由行動のプランを立てる際にはあまりがちがちのス

ケジュールは組まない方がよいでしょう。

船外に出る時は乗船カードを忘れずに。船の出口にある機械にタッチしてから外出します。戻ってきた時には再びこの機械にタッチして乗船します。

船内新聞にクルーズ船の電話番号が書かれていますので、緊急時の連絡用に持っていきましょう。

海外クルーズの場合、出港時にパスポートを預けておくことがあり、この場合、**寄港地ではパスポートを持たないで外出することになります。念のためパスポートコピーを持っていくとよいでしょう。**

✹ 港では歓迎イベントやマーケットを開催

港によっては歓迎のイベントをしていたり、ゆるきゃらと写真を撮れたりします。温かい歓迎を感じられて嬉しい瞬間です。また、**地元の特産品を販売するマーケットを開催している**ことも多く、それを覗くのも楽しいものです。

港では歓迎式典。地元の産品を売っていたりする。

クルーズメモ

水先案内人の仕事

出港後、タグボートが近づいてきて水先案内人が飛び移る。

地形や水路が複雑な場所では水先案内人が出港時にクルーズ船に乗り、航行を指示します。安全な海域に出れば水先案内人の仕事は終わり。タグボートに乗って港に戻ります。このとき、タグボートがしばらく並走し、クルーズ船の水面近くにある扉から水先案内人がタグボートに乗り移ります。なかなかスリリングな瞬間で何度見ても興奮します。

109

コツ 45

滞在時間が短いなら
オプショナルツアーがおすすめ。

✴ オプショナルツアーの申込みは1か月前くらい

出発の1か月ほど前になると、オプショナルツアーの具体的な案内が送られてきます。それを見て事前に申し込みますが、定員が決まっていますので行きたいものがあれば**早めに申込みましょう**。空きがあれば船上で申し込むこともできます。

✴ オプショナルツアーは個人行動より優先される

オプショナルツアーは用意されたバスに乗り込むだけで観光地に連れていってくれるという気楽さだけでなく、**最優先に下船できるので下船によけいな時間を取られることなく滞在時間を効率的に使える利点があります。**

港に到着。ツアーバスが集結しているのが見える。

また、個人行動では船の出港時間までに戻らないといけないため、つねに時間を気にしながらの行動となりますが、オプショナルツアーの場合はその心配はいりません。以前、ダイヤモンド・プリンセスで四日市に寄港したときに、伊勢神宮に行ったオプショナルツアーのバスが渋滞に巻き込まれて時間までに戻れず船が待っていたことがありました。個人行動だったら船は出発してしまっていたことでしょう。

ツアーなら用意されたバスに乗り込むだけ。

第6章 ✳ 寄港地、下船

●主な寄港地とツアーの行き先

横　　浜	みなとみらい21，山下公園、中華街
名古屋	名古屋城、犬山城、徳川美術館
四日市	伊勢神宮、伊賀上野城、名古屋城
鳥　　羽	伊勢神宮、二見浦、鳥羽水族館、ミキモト真珠島
大　　阪	大坂城、通天閣、道頓堀界隈
高　　知	高知城、坂本龍馬像、桂浜
別　　府	別府地獄めぐり、宇佐神宮、耶馬渓
宮　　崎	鵜戸神宮、青島神社、飫肥城下町
鹿児島	仙巌園、尚古集成館、指宿温泉
那　　覇	首里城、沖縄美ら海水族館、斎場御嶽
博　　多	太宰府天満宮、福岡タワー、柳川、伊万里
境　　港	松江城、出雲大社、足立美術館
敦　　賀	永平寺、気比の松原、気比神宮
金　　沢	兼六園、ひがし茶屋街、長町武家屋敷跡
酒　　田	羽黒山、鳥海山、土門拳記念館
秋　　田	角館、男鹿半島、田沢湖
函　　館	大沼公園、トラピスト修道院、函館山、五稜郭公園
小　　樽	小樽運河、余市蒸留所
青　　森	十和田湖、三内丸山遺跡、奥入瀬渓流
石　　巻	松島、中尊寺
釜　　山	釜山タワー、チャガルチ市場、梵魚寺、仏国寺
ウラジオストク	中央広場、アルセーニエフ郷土史博物館
コルサコフ	聖ニコライ教会、レーニン広場
香　　港	ビクトリアピーク、スタンレーマーケット、マカオ
台　　北	故宮博物院、中正紀念堂、九份

オプショナルツアーを申込まなくてもOK。自力で観光する方法はいろいろある。

☀ 旅好きな人は自力で観光しよう

　オプショナルツアーがよいのは船に戻る時間を気にしなくていいところと、観光地を効率的に回れるところだと思います。特によく知らない海外の場合はツアーを使った方が安心できます。

　ただ旅好きの人ならオプショナルツアーで定番の観光地に行くよりも、自力で出かけた方がいいと思うかもしれません。もちろんそういう人はツアーを使わずに外出することもできます。

　また、地元の有志や観光協会がまち歩きツアーなどを実施していることもあります。以前、ぱしふぃっくびいなすに乗船して新宮に行ったときは、地元ガイドが案内するまち歩きツアーが料金1,000円で行われていました。

☀ シャトルバスが出ている

　多くの港ではツアーを使わない人のために最寄りの駅や繁華街までのシャトルバスが用意されています。歩くのが好きな人は、そこを拠点に歩いて出かけるのもいいと思います。港街の散策をしたり、地元ならではの食堂に入ったり、地元スーパーで買い物をしたりするのも楽しいものです。

☀ シャトルバスの時刻を確認しておこう

　シャトルバスは無料のことが多いですが、クルーズ船によっては有料のことも

港で待つシャトルバス

あります。**バスの発着時間や場所は決まっていますので、事前に船内新聞と一緒に配られる案内などでよく調べておきましょう。**基本的に降りた場所が帰りのバスの出発地になりますので、降りた場所を忘れないように。海外の場合は目印となる建物や景色をスマホで撮影しておくのをおすすめします。

✺ タクシーで観光する

たいてい港にタクシーが集まってきますので、下船したらすぐに飛び乗って観光地を回ってもらうことが可能です。**しかし、東京と違って地方は想像よりも距離が出ますので要注意。**気軽に乗ると料金を支払うときに愕然とします。

以前、タクシーで網走港から能取湖のサンゴ草群落まで行き、網走監獄で下してもらったことがありますが、1万7千円くらいかかりました。これならレンタカーのほうが安かったと思いました。

✺ 時間厳守で戻ろう

外出先はまったくの自由ですが、船に戻る時間は決まっています。**遅れたら置いていかれてしまいますので、注意してください。**

> **クルーズメモ**
> ### 船内で過ごすのもあり
>
> あえて船内にいるという選択肢もあります。毎日のように寄港地に着くクルーズ船だと外出するのも疲れてきたりします。普段なら人の多いカフェやバー、プールも停泊中はがらがらです。船内イベントがあったら、参加するのもいいでしょう。

寄港地で船内で過ごしても構わない。

自力で観光するときにはレンタカーを使うと便利で経済的。

✺ 効率よくて経済的なレンタカー

　寄港地から自力で観光する場合はバスや電車を使うと交通費は安く済みますが、地方の交通機関だと本数がそれほどありません。タクシーは効率よく行動できますが料金が高くなりがちです。

　そんな場合は、**国内ならば効率良く回れて、交通費も抑えられるレンタカーの利用も検討してみましょう。**クルーズ船が寄港するような港ならまず近くの主要駅周辺にレンタカー営業所があるはずですよ。**シャトルバスが主要駅まで往復していることが多いので、レンタカー営業所まではそのバスを使って行ける可能性も大です。**また、港によってはクルーズ船の乗客を対象にした無料送迎や限定プランを事前予約の条件で受けているレンタカー会社もあるので、調べてみるとよいでしょう。

　以前、境港に寄港したときは事前予約なしでも乗れるレンタカーが港に来て客待ちしていました。オプショナルツアーに申込していないけど急に出雲大社や足立美術館に行きたいくなった人には便利だと思いました。でも、必ず待機しているわけではないと思いますので、それを前提にするのはやめましょう。

✺ 観光列車に乗ってみよう

　最近は特別に仕立てた観光列車が日本各地を走っています。船の時間とあえば、そんな列車に乗ってみるのもまた楽しい思い出となるでしょう。寄港地で降りて当日中に乗って帰ってこれる列車もあ

第6章 ✳ 寄港地、下船

りますが、往復するには時間が足りない場合もあります。乗船前または下船後に乗るという選択も考えてもいいでしょう。

港　名	列車名	発着駅
博多港	THE RAIL KITCHEN CHIKUGO	福岡（天神）、太宰府、大牟田
門司港	門司港レトロ観光列車潮風号	九州鉄道記念館、関門海峡めかり
横浜港、下田港	THE ROYAL EXPRESS	横浜、伊豆急下田
舞鶴港	丹後くろまつ、あかまつ	西舞鶴、天橋立
八戸港、久慈港	TOHOKU EMOTION	八戸、久慈
秋田港、青森港	リゾートしらかみ	秋田、青森
釜石港	SL銀河	釜石、花巻
仙台港	フルーティアふくしま	仙台、郡山
新潟港	現美新幹線	新潟、越後湯沢
七尾港	のと里山里海号	七尾駅、和倉温泉
鳥羽港	しまかぜ	鳥羽、賢島、大阪難波、京都
宮崎港、油津港	D&S列車 海幸山幸	宮崎、油津、南郷
鹿児島港	D&S列車 はやとの風	鹿児島、霧島温泉、吉松
鹿児島港	D&S列車 指宿のたまて箱	鹿児島中央、指宿

門司港から乗れる潮風号

丹後あかまつの乗車券

115

コツ48 cruise

海外クルーズの出入国手続きは飛行機に比べて簡素化していて時間もかからない。

✵ パスポートは回収され入出国の手続きをする

日本から海外に飛行機で行く場合、パスポートを出国審査で提示し、その後は各自が持ち歩きます。

しかしクルーズ船の場合は出国審査が少し違っています。

海外が最初の寄港地の場合は、乗船手続きの際に出国審査が行われます。国内が最初の寄港地の場合は、海外に寄港する前に船内で出国審査が行われます。

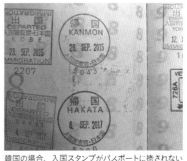
韓国の場合、入国スタンプがパスポートに捺されないので日本の港の出国と入国スタンプだけになる。

また出国審査が完了したらパスポートはクルーズ船側で回収され、船がまとめて寄港国の出入国の手続きをします。これにより海外の寄港地での**滞在時間が限られている中で、出入国の審査で時間がかからないようにしています。**

海外の寄港地で下船し観光するときは、パスポートを返却する船もあれば入国スタンプが捺されたパスポートコピーを渡し戻ったときにコピーを回収する船もあります。このあたりの方法はクルーズ船や相手国によって異なりますので、船内新聞などで確認しましょう。

第6章 ✳ 寄港地、下船

✳ 海外寄港地で下船して両替する

大きな国際旅客ターミナルがある場合は施設内に両替所もあるはずなので、必要に応じて両替をしましょう。Wi-fiもターミナルの建物内で借りることができることもあります。

クルーズ船によっては同じ港に到着してもそのターミナルを

釜山港の臨時両替所

通らないで下船することもあります。そのターミナルの施設に寄れない可能性もあることを考えて計画を立てましょう。その場合でも、**臨時の両替所が出ている場合もあります。**

✳ 日本への入国手続きの方法

日本への入国手続きは海外寄港地を出発し、最初の国内寄港地に到着する前に行われます。パスポートが回収されていた場合は、このとき返され、船内に乗り込んだ係員によって入国審査が行われます。最初の国内寄港地に下船しない場合も**必ずこの入国審査を受ける必要があります。**また船内で各部屋に配られる**税関申告書（飛行機で帰国した時に記入するのと同じ用紙です）**に記入し、下船時に**税関係員に渡します。**申告すべきお土産を海外で買った場合は、ここで記入します。

入国審査や税関申告書の書き方なども前日等に配られる船内新聞や書面に書かれているのでよく確認しましょう。

ダイヤモンド・プリンセスでは国内に戻ってきたときの入国審査を受けると写真のような紙をくれるのでこれを見せて下船する。

117

コツ cruise 49
最終日前夜の下船準備はぬかりなく。翌朝は指定時間には部屋を出る必要がある。

✸ 前夜にスーツケースを廊下に出す

楽しかったクルーズの旅もいよいよ最終日が近づいてきました。最終日前夜ともなると少し気を引き締めてやることがあります。**スーツケースのような大きな荷物は前夜に部屋の外の廊下に出しておく必要があるためです。**出しておいた荷物は港に到着後、ターミナルの荷物受取りのところで引き取ります。

最終日の前日に大きな荷物は廊下に出しておく

自宅に荷物を送りたい場合は、宅配便の伝票を取り付けて廊下に出しておけばそのまま送ってくれます。船によっては、ターミナルで荷物を引き取った後で別途自分で手続きをする場合もあります。前日に下船の案内を書いた書面が部屋に配られますので、廊下に出す時間の締切時間も含めてよく読んでおきましょう。

最終日まで使う化粧品や案内書類、パスポート、貴重品は廊下に出す荷物に入れないよう気をつけます。長いクルーズであればあるほど、部屋には出したものが散らばっていると思います。前夜は飲み過ぎないように片づけに専念しましょう。

✸ 最終日は現金払いになる

最終日の朝に精算書が部屋のドアの下から入れられていますので利用した金額を確認します。精算書にはレストランで頼んだドリン

第6章 ✵ 寄港地、下船

クや有料レストランの利用料、乗船カードで購入した品物などが記載されています。事前にクレジットカードを登録してあればこれ以上やることはありません。登録していない場合はフロントまで支払いに行きます。

最終日は売店やレストランでは乗船カードでの支払ができませんので、現金で支払います。

最終日の朝に入っている精算書

港に到着するのが朝の場合は早めの朝食をとり、下船に備えます。前日に配られる下船案内に指定時間までに部屋を出るように、と書かれていたら、その時間までに部屋を空けなければなりません。忘れ物がないか確認し、部屋を空けましょう。セーフティボックスの中身の確認も忘れずに。

✵ 最寄り駅までのシャトルバスがある場合も

下船の順番はこれまで寄港地で行ってきたようにデッキ順になります。大きい船の場合は、部屋に配られたバゲージタグの色別に決められた集合場所に集まり、指示に従って下船する場合もあります。

次の予定があって早めに降りなければならない場合は、事前に申請する必要がある場合があります。これも下船案内に書いてあるので確認しましょう。

船を降りたら前日廊下に出していた荷物を引き取ります。破損していないか確認しましょう。

最終下船港でも最寄り駅までのシャトルバスがある場合もありますので、利用しましょう。最終日の下船地が観光地の場合は、オプショナルツアーが用意されている場合もあります。申し込んだ場合は最後の旅を楽しみましょう。

コラム

日本沿岸・国外の寄港地を紹介

この寄港地の見どころはココ！

クルーズ船のお楽しみの1つは寄港地ツアー。雄大な自然や美しい街並み、その土地ならではのグルメなど、寄港地それぞれで出会えるものが違います。そんな、ぜひチェックしたい見どころを寄港地別にご紹介します。

⚓ 横浜

関東から出るクルーズ船の発着地になることが多い場所。横浜港のターミナルがある大さん橋自体が、東京湾の景色を一望できる観光スポットとなっています。徒歩圏内に中華街や山下公園があり、もう少し離れると洋館が並ぶ山手元町エリアにたどり着きます。

⚓ 神戸

関西方面から出発するツアーはたいていここから。港は市街地に近いため短時間で多くの場所をめぐれます。明治時代にタイムトリップできる旧居留地や、神戸ポートタワーがあるメリケンパークは神戸らしい景色が楽しめます。

⚓ 博多

外国のクルーズ船寄港数が5年連続日本一の博多港。港から1時間圏内には、正三角形の外観がめずらしい福岡タワーや、日本有数の水景公園でもある大濠公園があります。

⚓ 函館

JR函館駅に近い若松埠頭と、少しはなれた港町埠頭のどちらかに停泊することが多いです。見ごたえがある観光スポットが多く、港から1時間以内で行けるところだけでも、五稜郭や夜景で有名な函館山、朝市などがあります。元町散歩も人気で、映画やCMのロケ地として利用されることも多い八幡坂や、「日本の道百選」に選ばれた大三坂は、記念撮影にうってつけ。路面電車やバスも走っているので、スポットへのアクセスも便利です。

⚓ 小樽

小樽港の近くには、ノスタルジックな風情の小樽運河があります。夜景の美しさが有名ですが、蔦のからまるレンガ造りの倉庫群の姿がはっきりわかる昼間もおすすめ。小樽駅の方へ進むとある、日本銀行旧小樽支店の建物も必見。かつて「北のウォール街」と呼ばれた小樽を垣間見ることができます。

⚓ 金沢

金沢で外せないスポットがひがし茶屋街。石畳の小路の両側に茶屋が軒を連ね、風情たっぷり。少し遠いですが、タクシーを使えば20分程度の距離です。そこから歩いて15分程度の近江町市場では新鮮な魚介を堪能できます。また定番ですが、日本三名園の1つ、兼六園の日本庭園もおさえておきたいところ。四季折々の美しさが訪れる人を魅了します。

コラム

⚓ 境港

日本海クルーズでよく立ち寄られる港で、日本船も多数寄港します。177体の妖怪ブロンズ像が並ぶ水木しげるロードや、直筆の絵などを所蔵する水木しげる記念館、「ベタ踏み坂」の異名を持つ急勾配の江島大橋が、車で10〜20分ほどの位置にあります。

⚓ 那覇

沖縄の玄関口で、年間300隻近いクルーズ船が立ち寄る人気の寄港地。沖縄発着クルーズではこの那覇の港からスタートします。クルーズ船が停まるターミナルは那覇空港からも近く、フライ&クルーズにも便利です。車で15分くらいの場所に、かつての琉球王国の遺産・首里城が。城内からは東シナ海を一望できる絶景は圧巻です。琉球王国の王が眠る、世界遺産の玉陵もそばにあります。沖縄一の繁華街・国際通りは、港から車で10分ほどの距離。通りは約1.6kmあり、沖縄ならではのお土産が買えるお店がずらりと並んでいます。

⚓ 石垣島

南国気分をめいいっぱい堪能できる石垣島。エメラルドブルーの海に湾内のグラスボートが浮かび、"これぞ沖縄の海"という光景が眺められる川平湾は外せないでしょう。港から少し遠く、車で40分ほどの場所にあります。また、ターミナルから近いスポットでは、伝統工芸品「ミンサー織」の体験ができるみんさー工芸館が10分弱のところにあります。

釜山(韓国)

日本に近く、日本発着のクルーズで訪れる外国の寄港地では最もメジャーな場所です。釜山の街並みを360度見渡すことができる釜山タワーは港からほど近い場所にあります。またおもちゃのブロックを積んだようなカラフルな街並みの甘川洞文化村はインスタ映え間違いなし。釜山の新鮮な魚介類がそろうチャガルチ市場での食べ歩きもおすすめです。

基隆(台湾)

港は台北の中心から車で40分ほど離れたところにあります。蒋介石を讃える白亜の建物・中正紀念堂や、中国歴代王朝の皇帝のコレクション等69万点を収蔵する故宮博物院など、台湾の歴史や文化に触れられるスポットは人気。また、台北からは離れますが、『千と千尋の神隠し』のモデルになった、かつての金鉱街・九份は物語の世界にトリップしてしまいそうになる、不思議な魅力を持っています。

コルサコフ(ロシア)

日本に一番近いロシアであるサハリンの海の玄関口。クルーズ船によっては小型のテンダーボートに乗り換えて上陸します。オプショナルツアーだとロシアで通常必要なビザ取得が免除されるのでオススメです。ツアーでは車で1時間ほど離れたユジノサハリンスクまで行き、丸太で組まれた聖ニコライ教会や、終戦記念碑のある栄光の広場、かつて日本の樺太庁の建物だったサハリン郷土史博物館をめぐるのが定番です。

海外でインターネットに接続してスマホを利用する。

クルーズ船内では専用のWifiが用意されていますが、寄港地でも地図を見たりなど、ちょっとした場面でスマホを使いたいもの。海外でインターネットにつなげるには主に4つの方法があります。

❶ パケット定額サービスで海外キャリアに接続
❷ お店やホテルのWi-Fiを利用する
❸ 国内で購入したプリペイドSIMを利用する
❹ 日本で海外用モバイルWi-Fiをレンタルする

❶は自分が契約している携帯会社の海外用パケット定額サービスを利用する方法。設定を確実にしていないと定額にならず高額の請求がくることもあるので注意が必要です。また格安SIMを使用している場合は通話しかできないこともあるので自分が使っている携帯会社の確認をしましょう。❷は無料で利用できますが、限られた場所しか利用できない、店員にパスワードを聞かなくてはならないなどの不便さがあります。❸はAmazonなどで販売されているSIMカードを旅行前に購入する方法。価格が安いのが魅力ですが、SIMフリーのスマホが必要です。Amazonで「海外　SIM」と検索すると出てきますので旅行前に購入しておきます。SIMカードを交換するので今の電話番号は使えなくなるという問題があります。

日本で Wi-Fiをレンタルしよう

もっとも簡単なのが❹の「日本で海外用モバイルWi-Fiをレンタル」。専用機器を持ち歩く必要はありますが、価格は500MBまで使えて1000円程度。使える容量の違いで料金プランが複数あり、いくつもの国で使える周遊プランもあります。ちなみに500MBは地図の検索なら500回程度できます。1つWi-Fiをレンタルすれば、グループで使えるというメリットもあります。

1. **ネットで申し込み** プランを選び、使用期間や氏名、支払い方法を登録
2. **機器の受け取り** 宅配便で受け取る場合は、受取日の2〜3日前までに申し込みを
3. **現地で利用** 機器の電源をONにしてパスワードを入力すると利用可能に。申し込んだ容量の超過に注意
4. **帰国後返却** 決められた期限までに返却。宅配便による返却の場合は、送料は自己負担

✳ 第7章 ✳

日本沿岸でクルーズを行う主なクルーズ船

コラム

ラグジュアリー ⟵⟶ カジュアル

日本を代表する大型クルーズ船
飛鳥Ⅱ

データ

クルーズ会社	郵船クルーズ
総トン数	50,142t
全長	241m
客室数	436室
乗客定員	872人
クルー数	約470人

URL
https://www.asukacruise.co.jp/

細部まで抜かりない和のおもてなし

クルーズファンを魅了し、クルーズ未経験者からも憧れの船として愛される飛鳥Ⅱです。

乗船客1人に対するクルー数の比率が高く、「ハッピークルー、ハッピーゲスト」を信念に掲げ、飛鳥Ⅱで働く誇りや喜びを持ったクルーから質の高いサービスを受けることができます。

クルーズ専門誌『CRUISE』の読者投票「クルーズシップ・オブ・ザ・イヤー」の総合部門・日本船部門ともに、27年連続1位を獲得し続けていることもそれを証明してくれています。

多彩な施設が揃っていている

陽の光が降り注ぐ開放的な「ビスタラウンジ」や「パームコート」ではアフタヌーンティーがいただけます。夜は生演奏付きのバーになり、また違った雰囲気を楽しめます。そのほか有料寿司レストラン「海彦」、クルーズの夜を楽しめるバー「ピアノバー」「マリナーズクラブ」、映画が上映される「ハリウッドシアター」など施設の充実度は日本船で一番。

最上階にある展望大浴場には2020年から露天風呂も増設される予定で、そちらも話題になりそうです。

客室のレベルが高くて寛げる

　飛鳥Ⅱの客室には、リビングとベッドルームが独立している「ロイヤルスイート」、広いリビングエリアがある「Aアスカスイート」「Cスイート」、バルコニー付き客室の「D/Eバルコニー」、海側客室の「F/Kステート」、3人用の「Dトリプル」があります。スイートが豪華なのは当たり前ですが、最低ランクのFステートであっても落ち着いた趣味のよい内装、生花が活けてある心遣いなどがあり、レベルの高さを感じます。その分、日本船の中では高めの料金設定です。

1泊から世界一周まで豊富なツアー

　クリスマスや週末を利用したワンナイトクルーズから103日間の世界一周クルーズまで、多彩なプランがあるのも魅力。「ハッピーファミリークルーズ」では子ども向けプログラムもあり、お子様用アメニティには飛鳥のロゴ入りタオルとコップの他、色鉛筆セットがもらえるので、ちょっとした記念になります。客室の冷蔵庫には無料でジュース、水、お茶のペットボトルが人数分あり、随時補充されるので、長期クルーズの寄港地での携帯にも便利。

コースや予算の目安・コース例

名古屋／横浜発 爽秋の仙台・函館クルーズ

　秋の景色に彩られた北の2大観光地、仙台・函館を堪能する船旅。名古屋発〜横浜着の5泊6日と、横浜発着の4泊5日の2種類のコースがあります。

　歴史からグルメまで、あらゆる楽しみ方ができる両寄港地。仙台は、日本三景のひとつ「松島」や、マグロの水揚げで有名な「塩釜」にも近く、岩手県平泉の世界遺産、中尊寺まで足を延ばせるオプショナルツアーもあります。22時と遅い出航の函館では、函館山山頂から世界的にも有名な美しい夜景を眺めるオプショナルツアーもおすすめです。

　船内ではアルゼンチンタンゴのライヴを開催しています。

発着地：横浜／名古屋発→横浜着
期　間：5泊6日（Aコース）、
　　　　4泊5日（Bコース）
寄港地：仙台、函館
料金（目安）：191,000〜

ニューイヤーグアム・サイパンクルーズ

　横浜発着で、12月30日、31日をグアム、サイパンで暖かく過ごし、カウントダウンの瞬間を船上で豪華パーティー！　デッキで初日の出を迎えた後は、5日の到着まで、船上で日本の華やかなお正月を楽しめるイベントが目白押しとなっています。

　寄港地では、美しい海を眺めて1年の疲れをリセット。グアムはスペイン統治時代の古い街並みや史跡も見どころです。

　船上では、餅つきや年越しそばなどが振舞われ、日本らしいお正月気分を味わえます。さらに、邦楽集団の十八番座による和太鼓などの演奏や、落語、クラシックオペラシンガーによるステージなどが行われます。

発着地：横浜発→横浜着
期　間：10泊11日
寄港地：グアム、サイパン
料金（目安）：557,000〜

春の週末 横浜ワンナイトクルーズ

　横浜発着。週末を利用して、リニューアルされた飛鳥Ⅱでクルーズを体験できる、初心者におすすめの春の1泊コース。

　1泊とはいえ、新しい船内設備を満喫するには十分。リニューアルの目玉でもある、最上階12デッキの展望大浴場、グランドスパになって登場する露天風呂をはじめ、ブックラウンジ「e-Square」、より過ごしやすくなったビュッフェレストラン「リドカフェ＆リドガーデン」などはぜひ体験しておきたいところです。

　総料理長の瀧澤一氏による「春の日ディナー」もお楽しみ。旬の食材をふんだんに使った豪華料理が、クルーズの夜を格別なものにしてくれます。

発着地：横浜／名古屋発→横浜着
期　間：1泊2日
寄港地：なし
料金（目安）：56,000〜

コラム

ラグジュアリー ⇔ カジュアル

食通をうならす美食の船
にっぽん丸

データ

クルーズ会社	商船三井客船
総トン数	22,472t
全　長	166.6m
客室数	202室
乗客定員	524人
クルー数	約230人

URL

URL：https://www.nipponmaru.jp/

にっぽん丸だからこその接客と寄港地

　日本船の中で最も歴史があるにっぽん丸。小ぶりな船だからこその目が行き届いたサービスは、老舗旅館のようにたとえられることもあります。スイートルームでは日本船で唯一、専任のバトラーが付いてさまざまなリクエストに応えてくれます。

　また、船の小ささを活かして、大型船では入れない屋久島や瀬戸内海の島々へ行くプランなど、にっぽん丸でしか行くことができないユニークなプランが豊富に用意されています。オプショナルツアーについても独自なツアーを開発していて手抜きなしです。

「食のにっぽん丸」と呼ばれる極上グルメ

　にっぽん丸に乗船した人が口を揃えて言うのが、「食事が美味しい」ということです。寄港地で積み込んだ旬の食材を、天候や気温、客層に合わせて一品一品手作りしています。コンソメまで手作りというから驚きです。お皿の盛り付けも美しく洗練されていて、目と舌で楽しめる献立になっています。

　また、シェフとは別にパン職人が乗船し、毎朝生地から作るパンはファンも多いです。その美味しさに感激し、朝からテンションがあがります。「パン祭り」と題したクルーズまで催行されています。

第7章 ✳ 主なクルーズ船

こだわりの船内エンターテイメント

歌手や落語家、マジシャンによるショーや、クラシックコンサートなどは他の船でもよくあるプログラムですが、にっぽん丸ではそのステージの近さが特徴的です。マジシャンの手元までしっかり見ることができ、上質な音楽を演奏者の息遣いまで感じられる距離で鑑賞できます。東京シティフィルのプロの演奏家たちを指揮したり、一緒にステージの上で演奏したりできるエンターテイメントクルーズが企画されたこともありました。

さまざまな乗客に対応した客室

にっぽん丸の客室は豪華でバトラーサービスも付く「スイートルーム」のほかに、ゆとりの広さとシックな内装の「デラックスルーム」、コンパクトな「ステートルーム」があります。「デラックスルーム」はベランダ付き、ツイン、シングル用があり、部屋数が少ないので早めの予約が必要。

一番多い「ステートルーム」は窓の大きさとベッドの位置で「スーペリア」「コンフォート」「スタンダード」の3つに分けられ、プルマンベッドを使用して3人で宿泊も可能など、多様なニーズに応えてくれます。

コースや予算の目安・コース例

飛んでクルーズ沖縄 Aコース ～宮古島・台湾～

那覇発着で、宮古島や台湾の基隆港をめぐる、国内・海外ともに楽しめるコース。8つの有人島からなる宮古諸島は、美しい海が広がる人気リゾート。宮古・伊良部・下地・来間の4島めぐりと、リゾートヴィラでのフレンチ昼食が付いたオプショナルツアーもあります。台湾では9時間と長めの滞在なので、渓谷沿いに走る鉄道「平渓線」に乗って、ノスタルジックな街並みを眺めたり、台湾グルメを楽しむなど、楽しみ方は多種多様です。

船内には「にっぽん丸 美ら海café」が特別にオープンし、沖縄ゆかりのスイーツが楽しめるほか、新進気鋭の民謡歌手のライヴも行われます。

発着地：那覇発→那覇着
期　間：3泊4日
寄港地：宮古島、台湾
料金(目安)：112,000～

熱海花火と世界遺産 小笠原クルーズ

冬の海から熱海の花火を鑑賞して、世界自然遺産に登録された小笠原諸島の父島を観光できる、ユニークなコース。

熱海での海上花火大会は、年間を通じて開催される名物イベント。船上に用意された特等席から、ダイナミックな光と音の競演を堪能することができます。寄港中は、温泉やグルメを楽しむのもよし。成川美術館と懐石料理の昼食が付いたオプショナルツアーもあります。

12月の小笠原諸島は、平均気温18～23度と過ごしやすい時期。大自然に囲まれてのんびりした時間を過ごすことができます。現地のコーヒー農園を訪れるオプショナルツアーもあります。

発着地：東京発→東京着
期　間：5泊6日
寄港地：熱海、小笠原(父島)
料金(目安)：232,000～

2020ゴールデンウィーク 日本一周クルーズ　Aコース

10日間で日本の有名な港町を1周するコース。瀬戸内海を抜け、九州から北陸、北海道とめぐっていきます。「仙崎つづじ公園」など花の名所を有する大分県・佐伯や、世界遺産の宗像大社がある福岡県・宗像。赤れんが倉庫などレトロな建築物も魅力の京都府・舞鶴。輪島塗などの伝統工芸や朝市で有名な石川県・輪島。歴史的建造物や東北グルメが楽しめる秋田。北海道を代表する温泉街、登別。土地ごとにまったく異なる景色や味に出会えます。

船上では石丸幹二や、姿月あさとによる豪華なショーも開催。さらに、寄港地の様々な特産品や名産品が船上やお土産に用意されています。

発着地：横浜発→横浜着
期　間：9泊10日
寄港地：佐伯、宗像、輪島、秋田、登別
料金(目安)：458,000～

129

コラム

ラグジュアリー ⇔ カジュアル

初心者にもおすすめの親しみやすさ
ぱしふぃっく びいなす

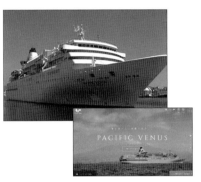

データ

クルーズ会社	日本クルーズ客船
総トン数	26,594t
全長	183.4m
客室数	230室
乗客定員	620人
クルー数	約220人

URL

URL：https://www.venus-cruise.co.jp

フレンドリーで気さくなクルー

　クルーズというとどこか敷居が高いイメージがありますが、初心者にもおすすめなのがこの船、ぱしふぃっくびいなす。

　「ふれんどしっぷ」をコンセプトに、気さくで陽気なクルーが温かく出迎えてくれます。よく気の付くクルーが多く、ビュッフェでたくさんのせた皿を持っていると席まで運んでくれたり、下船時に荷物を持って一緒に下まで降りてくれたりします。ドレスコードがカジュアルのみのものもあるなど、肩肘張らずに気軽にクルーズを楽しみたい方におすすめです。

大きすぎず小さすぎず、絶妙な大きさ

　飛鳥Ⅱほど大きくなく、にっぽん丸ほど小さくもない絶妙なサイズ感により、大型船では入れない港に行くことができ、かつゆったり寛げる多目的な空間も確保されています。例えば、トップオブラウンジは最上階ならではの展望が素晴らしく、半分はバーになっていて夜の雰囲気もまた素敵です。早朝は朝日に輝く海を眺めながら一周約336mのボートデッキをぐるりとウォーキングするのもおすすめ。日食観測など他のクルーズ船にはないユニークな企画があるのも特徴です。

ティータイムが充実

7階デッキにあるオープンバーの「ウィンド・オブ・メコン」では、朝食前にアーリーモーニングティー、朝食後にもモーニングティー、昼食後にはアフタヌーンティー、さらにケーキタイムにサンドイッチタイムまであり、とにかくティータイムが充実しています。ぬくもりを感じる居心地の良いフロアはバーというより喫茶店のような気軽に入れる雰囲気。デニッシュやマフィン、クッキーなどのスイーツが並び、ゆったりした時間を過ごせます。

出迎えてくれるタオルドール

部屋のランク関わらずに出迎えてくれるスタッフお手製のタオルドール。飾り用で使うためのものではありませんが、真っ白いタオルを使って、うさぎやカエル、ひよこにクマにハムスターなど、実にさまざまな動物たちに形づくられます。メッセージカードに添えられたタオルドールは可愛らしく、ほっこりとした気持ちにさせられます。小さな子どもはもちろん、大人でも乗船時の小さな楽しみに。キャビンスタッフによる「タオルドール教室」が開かれることもあります。

コースや予算の目安・コース例

洋上の楽園クルーズ 〜 JAZZ & FRENCH Nights

横浜発着で、愛知県の温泉地・蒲郡に立ち寄るショートクルーズの旅。2回の夕食では、「ぱしふぃっく びいなす」北山料理長と、蒲郡クラシックホテル波多野料理長がそれぞれ手掛ける豪華フレンチを、ジャズの生演奏を聴きながら味わうことができます。さらにスペシャルゲストとして登場する歌手の大橋純子の歌や、タレントの辰巳琢郎による日本ワインのセミナーなども楽しめるという、贅沢な内容です。
寄港地の蒲郡は、皇族や多くの作家たちが訪れた由緒ある温泉地。島全体が天然記念物に指定された竹島も望めます。9時間と長めの滞在なので、オプショナルツアーへの参加もおすすめ。

発着地：横浜／名古屋発→横浜着
期　　間：2泊3日
寄港地：蒲郡
料金(目安)：100,000円〜

世界自然遺産 小笠原・硫黄3島クルーズ

神戸港を出港し、小笠原諸島の父島に寄港。その後、2日間で南硫黄島・硫黄島・北硫黄島沖周遊、孀婦岩・鳥島沖周遊と終日クルージングを楽しむコース。"ボニンブルー"と呼ばれる青い海と、絶海の島々の豊かな自然を楽しむことができます。
プランが開催される3月頃は、ちょうど小笠原近海にザトウクジラが多く見られるシーズン。オプショナルツアーではホエールウォッチングもあり、ザトウクジラが泳ぐ姿を間近に見るチャンスです。また、世界自然遺産に登録された北硫黄島、南硫黄島を含む硫黄列島では、手つかずの自然が生みだす雄大で美しい風景を船上から楽しめます。

発着地：神戸発→神戸着
期　　間：5泊6日
寄港地：小笠原(父島)
料金(目安)：233,000円〜

春の済州島・釜山クルーズ 〜音楽の宝箱〜

神戸を出て瀬戸内海をクルージングした後に、韓国の釜山、済州島をめぐるコース。さらに船内では、昭和歌謡、UKロック、アカペラなど様々なジャンルの音楽ステージが楽しめます。
初日の瀬戸内海クルージングでは、明石海峡大橋、瀬戸大橋や、備讃・塩飽諸島の島々など、瀬戸内海を代表する景観を一度に堪能することができます。釜山では、釜山タワーや市場散策を楽しむためのオプショナルツアーも用意。済州島では、広大な菜の花畑と城山日出峰の見事な景色や、世界最長の溶岩洞窟「万丈窟」など見どころたくさん。世界自然遺産をめぐるオプショナルツアーもあります。

発着地：神戸発→神戸着
期　　間：4泊5日
寄港地：釜山、済州島
料金(目安)：190,000円〜

コラム

ラグジュアリー ⟵⟶ カジュアル

日本生まれの大型外国船
ダイヤモンド・プリンセス

データ

- **クルーズ会社** プリンセス・クルーズ
- **総トン数** 115,875t
- **全 長** 290m
- **客室数** 1353室
- **乗客定員** 2,706人
- **クルー数** 約1,100人
- **URL**

URL:https://www.princesscruises.jp

外国船デビューにもおすすめ

　日本人が外国船に乗るとき、一番心配なのが言葉ではないでしょうか。三菱重工製の日本生まれの船で、今や日本発着の代表格ともいえる外国船、ダイヤモンド・プリンセスなら日本語を話すスタッフが約100人も乗船。船内新聞や案内放送、料理のメニューにも日本語があります。

　2013年から日本発着クルーズを開始し、その数が年々増加していることも人気が高い証拠。日本発着の実績を積んだサービスで、はじめての外国船でも安心できます。

日本仕様のサービスに満足

　外国船で唯一の大浴場「泉の湯」が備わっているのが大きな特徴です。日本船とは違い有料になるものの、ゆったりお湯につかれると人気です。

　メインダイニングやビュッフェには和定食や和食のメニューがいくつも用意されているのも嬉しい心遣いです。寿司レストラン「海（Kai）寿司」に行けばカウンターで本格的な寿司もいただけますし、日本酒も揃っています。

　また、客室に湯沸かしポットと緑茶が用意されているのも気がきいています。

第7章 ✳ 主なクルーズ船

これぞ海の上の映画館

　シアタールームがあるクルーズ船は多いものの、壁と天井に囲まれていては船の醍醐味を味わえません。しかし、ダイヤモンド・プリンセスにはなんと海風を感じながら星空の下で映画鑑賞できる「ムービーズ・アンダー・ザ・スターズ」があります。

　プールサイドのデッキチェアーに横になったり、ジャグジーにゆっくり浸かったりしながら大スクリーンの迫力ある映像と高品質な音で映画を楽しむことができます。

外国船らしいパーティーやショーも

　もちろん外国船としての魅力も十分に味わうことができます。名物にもなっているのが、3層吹き抜けのアトリウムで行われる船長主催のウェルカム・パーティー。高く積み上がったグラスタワーにスパークリングワインが注がれる様子は煌びやかでとても華やか。

　また、同じアトリウムで乗船最終日に行われるバルーンドロップ・パーティーも必見。天井に括られた数えきれないほどの風船が一斉に放たれると、みんな踊って、最高潮に盛り上がります。

コースや予算の目安・コース例

ゴールデンウィーク ショートクルーズ

　ゴールデンウィークを利用して気軽に参加できる初心者向けコース。横浜を出港し、釜山、佐世保とめぐり、国内・海外を両方体験できます。それぞれの美しい景色やグルメを堪能しましょう。

　釜山で用意されるオプショナルツアーでは、韓国五大寺院に数えられる、約1300年前の新羅時代に建立された禅宗の総本山「梵魚寺」を観光します。大韓民国指定宝物である三層石塔など、貴重な文化遺産は必見です。

　佐世保では、オランダの街を模したテーマパーク「ハウステンボス」を訪れるオプショナルツアーもあります。この時期ならではの園内の美しい花々も目を楽しませてくれるはず。

発着地：横浜発→横浜着
期　間：5泊6日
寄港地：釜山、佐世保
料金(目安)：122,000円〜

ねぶた祭に沸く　青森と石巻・函館・ウラジオストク

　青森の夏を代表するお祭りである、重要無形民俗文化財「ねぶた祭」をメインイベントに、9日間で石巻、函館、さらに足を延ばしてロシアのウラジオストクに立ち寄り、青森とめぐる盛りだくさんのコース。

　ウラジオストクは、ロシアの極東部に位置する港湾都市で、日本人観光客も多い人気エリア。観光スポットの鷹の巣展望台からは、趣あふれる街並みや、アーチの美しい黄金橋などを眺めることができます。

　青森の「ねぶた祭」は、20台以上の山車(ねぶた)が練り歩く、ダイナミックで幻想的なお祭り。充実した船旅を締めくくるのにふさわしいイベントです。

発着地：横浜発→横浜着
期　間：8泊9日
寄港地：石巻、函館、
　　　　ウラジオストク、青森
料金(目安)：190,000円〜

夏をさきどり！　沖縄・台湾リゾートクルーズ8日間

　神戸を出港して、沖縄本島〜離島、さらに台湾へと周遊する、まさにタイトル通りに「夏をさきどり」することできる、リゾート感満点のコース。

　寄港する離島は時期によって異なり、石垣島または宮古島に寄港。美しいビーチでのんびりと時を過ごします。青く澄みきった海は、ただ眺めるだけでも心癒されるはずです。

　台湾ではグルメやショッピングを存分に楽しんでみては。あるいはオプショナルツアーに参加して、日本統治時代の建物と西洋建築が混在し、ノスタルジックな雰囲気が漂う九份などを見て回るのもおすすめです。

発着地：神戸発→神戸着
期　間：7泊8日
寄港地：那覇、石垣島／宮古島、
　　　　基隆
料金(目安)：147,000円〜

コラム

ラグジュアリー ⟵⟶ カジュアル

陽気なイタリア船
コスタ ネオロマンチカ

データ

- クルーズ会社：コスタクルーズ
- 総トン数：57,150t
- 全長：220.6m
- 客室数：789室
- 乗客定員：1800人
- クルー数：622人

URL

URL：https://www.costajapan.com

陽気でアットホームな雰囲気

　イタリア船籍らしい陽気なクルーが多く、かしこまらずに過ごせるのがコスタ ネオロマンチカ。

　参加型のイベントも多く、ダンスパーティーは毎夜開催しています。独自の服装規定で楽しむテーマナイトでは、仮面をつけるカーニバルナイト、赤・緑・白のオシャレを取り入れるイタリアンナイトなど趣向を凝らしたテーマが盛りたくさん。強制ではないので、そんなに気構える必要はありません。テーマと関係ない服装で楽しんでいる方も多いです。

食の本場、イタリアの味を楽しめる

　船内にピザの石窯を持つのはコスタ ネオロマンチカだけ。有料ではあるものの、本格的な焼きたてのピザを味わえます。テイクアウトもできるのでお気に入りのスポットで食べるのもおすすめ。また、有料のミシュラン三つ星シェフが監修する本格イタリアンや、20種類のワインや日本酒がグラス1杯から楽しめるバーなどもあります。無料のメインダイニングでもフルコースのイタリアンを楽しめるなど、本場イタリアの味を堪能できます。

子連れ歓迎！ファミリーにおすすめ

　ファミリーに嬉しいシステムが、大人2名と同室の13歳未満の子ども2名まではクルーズ料金が無料になること。費用面でハードルの高かった家族旅行としても、乗船しやすくなっています。しかも、3〜11歳までの無料託児サービスもあるので、夫婦水入らずの時間を作ることも可能。夜遅くまでやっているのも助かります。乗客は国籍も様々なので、託児所内で子ども同士の異文化コミュニケーションがとれるところも隠れた魅力です。

リーズナブルなビュッフェプラン

　コスタ ネオロマンチカには、上品なステーキハウス「ラ・フィオレンティーナ」や、本場のイタリアンが味わえる「リストランテ カサノバ」など有料レストランが充実しています。ですが、逆に食事をビュッフェに限定することでクルーズ料金がお得になるプランも販売されています。小さな子どもがいてゆっくりレストランで食事する時間のない方や、費用を抑えたい方、食事は気軽な雰囲気で楽しみたい方など、ニーズに合わせて選択できます。

コースや予算の目安・コース例

沖縄から横浜へ 片道クルーズ

　沖縄を出港し、韓国の済州島に寄港して、横浜に着く、片道コース。期間が短く価格もお手頃なので、「一度はクルーズを体験してみたい、それもせっかくだから国外の港も船上から見てみたい」というクルーズ初心者や、「コスタ ネオロマンチカ」に乗ったことがないので一度気軽に体験してみたい、という人にはピッタリのコースです。

　済州島は船内泊で下船はなし。寄港地で観光は楽しめないものの、それぞれで異なる港の風景や、"海の上のイタリア"「コスタ ネオロマンチカ」の船内の雰囲気や設備を隅々まで楽しむといいかもしれません。

発着地：那覇発→横浜着
期　間：4泊5日
寄港地：済州島
料金(目安)：38,800円〜

5つの都市めぐり クルーズAコース

　7月に6日間の日程で、舞鶴、金沢、境港、釜山、福岡をめぐるコース。クルーズの定番人気スポットの観光をまとめて楽しむことができる、お得な内容となっています。「クルーズではとにかく寄港地をたくさんめぐりたい！」という人には最適です。

　発着地は金沢、福岡、舞鶴の3ヵ所があります。また、8月には寄港地の境港が島根県の浜田に変わるBコースも登場するのでそちらも要チェック。

　舞鶴や金沢では、ご当地グルメもぜひ楽しみたいところ。爽やかな船上から、表情豊かな日本海を眺めつつ移動して、各寄港地の多彩な魅力を堪能し尽せるぜいたくなコースです。

発着地：舞鶴／金沢／福岡発
　　　　→舞鶴／金沢／福岡着
期　間：5泊6日
寄港地：金沢、境港、釜山、福岡
料金(目安)：94,800円〜

日本海と韓国 満喫クルーズ

　国内グルメが満喫できる人気スポットをめぐり、さらに釜山に立ち寄ってちょっとした海外旅行が楽しめるコース。日本の海の幸と韓国グルメの食べ比べができるクルーズの旅です。

　発着は福岡、舞鶴、金沢の3ヵ所から選べます。

　各寄港地での滞在時間は基本長めに取ってくれているので、お目当てのお店をリサーチしておいて、電車やタクシーで少し遠くまで足を延ばしてみるのも楽しいかもしれません。もちろん、観光も良いですが、あえてコース名にならって、グルメの旅に徹してみるのも楽しそう。

発着地：舞鶴／金沢／福岡発
　　　　→舞鶴／金沢／福岡着
期　間：4泊5日
寄港地：釜山、福岡、舞鶴
料金(目安)：81,800円〜

コラム

ラグジュアリー ←→ カジュアル

巨大な最新船
MSCベリッシマ

データ

クルーズ会社	MSCクルーズ
総トン数	171,598t
全長	315.83 m
客室数	2,217室
乗客定員	5686人
クルー数	1564人

URL

URL：https://www.msccruises.jp/

選べるレストランとバースペース

　食にこだわる船として、ミシュラン二つ星シェフの監修したタパスレストランをはじめ、寿司レストランやオープンキッチンのビュッフェレストランなど12の飲食店、20のバースペースがあります。出来立てモッツァレラチーズは絶品です。

　また、チョコレート好きにたまらないのが、ラスベガスで人気のパティシエ、ジャン・フィリップ・モーリー氏がプロデュースするショコラティエ。クルーズ中のおやつとしてだけでなく、お土産としても人気です。

特別なシルク・ドゥ・ソレイユショー

　この船のエンターテイメントの目玉は、毎晩2回、週6日、シルク・ドゥ・ソレイユのオリジナルショーが楽しめることです。しかも、ショーを楽しみながら会場で料理を味わうことも可能。シルク・ドゥ・ソレイユのショーのために総工費2000万ユーロをかけて建設されたラウンジは広さ1,000平方メートルと広々していながらも、最新テクノロジーを駆使した360度回転ステージを導入するなど、どの席からも楽しめるように工夫されています。

第7章 ✳ 主なクルーズ船

どんな世代も楽しめる充実の施設

　3基のウォータースライダーを備えたアクアパークに、フルサイズのボウリング場、F1シミュレーター、XDシネマなど、年代に合わせて楽しめるエンターテインメントが充実しています。985席を有するシアターでは、日替わりでロック、オペラなどのショーを毎晩上演。また、200以上のブランドでショッピングを楽しむこともできます。スパやビューティーサロンもあり、本格的なバリ式のトリートメントやリラクゼーションが受けられます。

多種多様な客室がある

　ジャグジーバス付きのメゾネットや最大10人宿泊可能なファミリータイプ、オーシャンビューのバルコニー付きキャビンなど、予算や人数に合わせて様々な客室を選べます。残念ながら日本語は非対応ですが、世界初のバーチャルクルーズアシスタント（音声対応人工知能）が全室に搭載されていることも斬新。また、「MSCヨットクラブ」というカテゴリー客室では、24時間バトラーサービスが付くなどワンランク上のサービスが受けられます。

コースや予算の目安・コース例

心躍る南国の楽園 クルーズ10日間の旅

　ジャパネットたかたによる、10月〜11月に九州〜沖縄〜台湾と10日間で南国をめぐるコース。どの寄港地も長時間滞在できるよう組まれていて、那覇では2日間の滞在なので、じっくり観光を楽しめます。

　もちろん、船内のラウンジで行われる「シルク・ドゥ・ソレイユ」のショーなどのアクティビティや、レストランなど、クルーズ中のお楽しみも盛りだくさん。また、コンチネンタルブレックファストが無料、飲み放題パッケージが付いていて船内のアルコール・ドリンクも無料、といったジャパネットたかた独自のお得な特典もあります。

発着地：横浜発→横浜着
期　　間：9泊10日
寄港地：鹿児島、那覇、宮古島、
　　　　基隆
料金(目安)：219,800円〜

南国土佐と石垣島・宮古島・台湾　美ら海クルー

　ゴールデンウィーク期間を使って、高知県と石垣島や宮古島の南国リゾート、さらに台湾まで楽しめるコース。台湾では台湾中央部の東側を占める台湾最大の県、花蓮に寄港し、数々の風光明媚な自然スポットなど見物できます。13歳未満の子ども料金設定や、子ども向けプログラムが多数設定されているので、ファミリーで参加してみたい人にも最適です。

　また、寄港地だけではなく、「MSCベリッシマ」ならではの「シルク・ドゥ・ソレイユ」などの多種多様なアクティビティやグルメ、数々の豪華施設なども楽しみどころです。

発着地：横浜発→横浜着
期　　間：8泊9日
寄港地：石垣島、花蓮、宮古島、
　　　　高知
料金(目安)：158,000円〜

憧れの日本一周 クルーズ10日間の旅

　ジャパネットたかたによる、憧れの「MSCベリッシマ」で日本を一周するコース。北は北海道から南は九州・鹿児島まで、さらに済州島も満喫できます。横浜を出港して、高知、鹿児島、済州島、秋田、函館とまわって横浜へと帰港するルートです。それぞれの寄港地では、朝から夕方まで存分に観光を楽しめるよう、練られたスケジュールになっています。

　船上で「MSCベリッシマ」独自の豪華なアクティビティなどが楽しめるのは、他のコース同様。コンチネンタルブレックファストやアルコール・ドリンクが無料、といったジャパネットたかた独自の特典も充実しています。

発着地：横浜発→横浜着
期　　間：9泊10日
寄港地：高知、鹿児島、済州島、
　　　　秋田、函館
料金(目安)：219,800円〜

自由度の高いフリースタイル船
ノルウェージャンスピリット

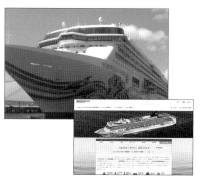

データ

クルーズ会社	ノルウェージャンクルーズライン
総トン数	75,904t
全　長	268m
客室数	非公開
乗客定員	2,018人
クルー数	912人

URL

URL：https://www.ncl.com/jp/

フリースタイルクルージング

　この船の大きな特徴が、創業以来、厳しいドレスコードを設けていないこと。基本的には何を着ても大丈夫です。ビュッフェや一部を除く多くのレストランではクルーズカジュアルで。これは男女ともにジーンズやショートパンツでもOKです。

　フォーマルな一部の有料レストランでも、スマートカジュアルで大丈夫。もちろん、ドレスアップして楽しむことだって自由です。ドレスコードが面倒という人や若いカップル、ファミリーに最適な船です。

フリースタイルダイニング

　この船では服装だけでなく、食事もフリースタイルが掲げられています。いつも通りの服装で、好きな場所、好きなタイミングで好きな料理が楽しめます。決まった食事の時間や座席指定がないので、メインダイニングやアジア料理などの無料レストラン、寿司や鉄板焼き、フレンチやステーキなどの有料レストランから、その日の気分に合わせて料理を選ぶことができます。パーティーの参加義務もないので、自分らしいクルージングが可能です。

第7章 ✴ 主なクルーズ船

世界レベルの本格エンターテイメント

船尾に位置し、2デッキにまたがる広々した「スターダストシアター」では、様々なショーが開催されます。アクロバットや音楽を盛り込んだ質の高いショーは見ごたえ十分ですし、一緒に歌ったりリズムをとったりして楽しめるプログラムも多く開催されています。子どもには、子ども専用の「スプラッシュアカデミー」があります。ゲームやクラフト、テーマナイトなどがあり、子どもの好奇心をくすぐるイベントも盛りだくさんです。

アクティブに楽しめる充実の施設

船の中には、4つのジャグジー、2つのゴルフネット、バスケットコート、フィットネスセンター、子ども専用のプールエリアにはウォータースライダーもあり、運動不足になりがちな船内もアクティブに過ごすことができます。

体を動かした後や寄港地の散策での疲れを癒したいときは、「マンダラ スパ＆サロン」もおすすめです。ホットストーンマッサージのほか、50種類以上あるスペシャルトリートメントから極上の施術を受けられます。

コースや予算の目安・コース例

ゴールデンウィーク 宮古島・石垣島と台湾クルーズ9日間

阪急交通社によるハーフチャータークルーズ。ゴールデンウィークを使って国内・国外両方を体験できる、クルーズ初心者にもおすすめのコースです。横浜発着で出発日は22時出港なので、お仕事終わりでも参加できるのも魅力です。

人気のリゾート、宮古島と石垣島の2島を楽しめて、台湾では基隆に入港するため台北観光ができます。

さらに航海中の船上では、マジックショーやダンス・パフォーマンス、本格的なブロードウェイミュージカルなど、ノルウェージャンならではのハイクオリティなエンターテインメントを満喫することができます。

発着地：横浜発→横浜着
期　間：8泊9日
寄港地：基隆、石垣島、宮古島
料金(目安)：129,800円〜

アジアクルーズ9日間 「日本ハイライト」 東京（横浜）発

7月の9日間で、日本5カ所と釜山をめぐるコース。ある程度ゆとりを持って、いろいろな土地を観光してみたいという人におすすめです。横浜港を出て、翌日には清水に寄港して夏の富士山を見物します。その後は名古屋、大阪と寄港し、そこで一泊。その後、別府、関門海峡を通過して佐世保、釜山とめぐっていきます。

もちろん航海中は、「ノルウェージャン スピリット」の豪華な船内を見物したり、幅広いジャンルで提供される美食の数々、エンターテインメントなどを楽しんだりすることができます。

発着地：横浜発→横浜着
期　間：9泊10日
寄港地：清水、名古屋、大阪、
　　　　別府、佐世保、釜山
料金(目安)：1,299ドル〜

アジアクルーズ 14日間 「日本を満喫する旅」 東京発

2週間かけて、北から南まで日本の主要な8つの港に立ち寄り、さらに釜山観光もできる、贅沢なコース。同じ北海道でも函館と小樽、九州は長崎と鹿児島と定番スポットをしっかり押さえています。ルートは、ちょうど日本列島をぐるりと1周するようになっています。時間があって、少し長めのクルーズに調整してみたい人に最適のコースです。大阪では陸で1泊するため、少し足を延ばして京都や神戸を観光してみるのもいいでしょう。日本を存分に堪能しつつ、釜山では美しいビーチや梵魚寺を観光したり、国際市場でグルメやショッピングを楽しむなど、束の間の異国情緒を味わえます。

発着地：東京発→東京着
期　間：14泊15日
寄港地：函館、小樽、金沢、釜山、長崎、
　　　　鹿児島、大阪、名古屋、清水
料金(目安)：1,749ドル〜

139

コラム

ラグジュアリー ←→ カジュアル

デザイン性の高いモダンな船
セレブリティ・ミレニアム

データ

クルーズ会社	セレブリティクルーズ
総トン数	90,940t
全長	294 m
客室数	非公開
乗客定員	2,218人
クルー数	999人

URL
URL：https://www.celebritycruises.jp/

デザイン性に富んだインテリア

　2019年に大改装を終え、より洗練されたインテリアに生まれ変わりました。船内に入ってまず目に飛び込んでくるのは三層吹き抜けのグランド・フォイヤー。神殿のように神々しくライトアップされた大階段はとても荘厳で華やかです。ここでイベントが行われることもあります。

　客室やレストランも内装が一新され、より使いやすく、美しくなりました。船内のいたるところに設置された椅子一つとっても、場所によってデザインが多様で楽しめます。

美と健康を手に入れるアクアクラス

　美と健康への意識が高い人におすすめなのが、バルコニー付き客室の「アクアクラス」です。客室のアメニティもワンランク上のものを使用し、通常は有料のアロマスチームサウナも無料で利用になります。また、スパの優先予約、スパコンシェルジュによるコンサルティングも受けることができます。専用ダイニングの「ブルー」では、素材や調理方法にこだわったヘルシーな料理が味わえるなど、女性に人気の客室です。

極上の料理とワイン

　ミシュラン三ツ星レストラン出身のシェフが監修した料理を、厳選したワインとともに味わうことができます。ミレニアムクラスには12名のソムリエがいて、好みに合わせたワインをセレクトしてもらえます。寿司レストランやステーキレストランなど有料レストランも豊富。毎日船内で粉から焼かれるパンやケーキも人気です。世界各国のウォッカやマティーニカクテルが揃う「マティーニバー」のアクロバティックなバーテンダーの技も必見。

大型劇場で一流のショー鑑賞

　メインシアターは3層吹き抜けで約900人が収容できる本格的な大型劇場となっています。ショーは毎日日替わりで2部制で行われ、ミュージカルやダンス、マジック、ライブやクラシックコンサートなど様々なジャンルのショーを楽しむことができます。各席にはサイドテーブルが設けられ、ショーを見ながらお酒を楽しむことも。ソファもゆったりとして座り心地がよく、シアター全体のデザインもラグジュアリーで居心地の良い空間です。

コースや予算の目安・コース例

奄美・沖縄・石垣島と台湾 南国クルーズ 9日間

　ゴールデンウィーク時期に開催。横浜発着の「セレブリティ・ミレニアム」で南国をめぐる、ひと足先に夏を感じられるコースです。

　横浜を出て、翌日は終日クルージングを楽しんで、奄美に到着。次の日は那覇、その次の日は石垣島と、それぞれに表情の違う南国リゾートを3日連続でたっぷりと満喫できます。

　最終寄港地は、台湾の基隆。8時間の滞在中に、台北観光を存分に楽しんで。その後、2日間の終日クルージングを経て、出発地の横浜へ帰ります。

　もちろん寄港地だけではなく、「セレブリティ・ミレニアム」の設備や美食、エンターテインメントも楽しみどころです。

発着地：横浜発→横浜着
期　　間：8泊9日
寄港地：奄美、那覇、石垣島、基隆
料金(目安)：149,000円～

秋の日本一周クルーズ 14日間

　横浜発着で2週間かけて晩秋の日本と韓国・釜山をめぐるコースです。日本の港を8箇所めぐる贅沢なクルーズが楽しめます。横浜を出て時計回りに日本を周遊し、再び横浜に戻ってきます。清水、神戸や寄港し、神戸では一泊します。出港は18時なので神戸の夜景を楽しめるでしょう。高知、広島に寄港した後は鹿児島、福岡と九州をぐるっと回り、釜山に寄った後は日本海を終日航行して一気に函館へ向かいます。その後、青森を経て太平洋を終日航海し横浜へと戻ります。神戸の一泊と終日航海が2度あり、寄港地に寄るだけでなくセレブリティ・ミレニアムのアクティビティを十二分に堪能できるコースとなっています。

発着地：横浜発→横浜着
期　　間：13泊14日
寄港地：清水、神戸、高知、広島など
料金(目安)：138,000円～

横浜発着　秋の日本一周クルーズ 10日間

　横浜を出発して、国内4カ所をまわり、釜山に立ち寄って横浜へ戻ってくるコース。じっくり10日間かけて、本州の南北、四国、九州と日本各地の風景の美しさや、食の豊かさを改めて実感できるうえに、韓国へのプチ海外旅行も楽しめる充実した内容になっています。

　横浜を出て翌日は、清水に寄って富士山や三保の松原など美しい港の光景を堪能。大阪に寄った翌日は四国の南を通って九州の福岡へ。その後、釜山に寄港したあと日本海を終日航海して一気に青森まで行きます。青森から太平洋側を南下し1日のクルージングを挟んで、最終寄港地の青森へ行き、横浜へ帰ります。

発着地：横浜発→横浜着
期　　間：9泊10日
寄港地：清水、大阪、福岡、釜山、青森
料金(目安)：188,000円～

コラム

ラグジュアリー ←→ カジュアル

憧れの豪華客船
クイーン・エリザベス

データ

クルーズ会社	キュナード・ライン
総トン数	90,900t
全長	294m
客室数	非公開
乗客定員	2,081人
クルー数	非公開

URL

URL：https://www.cunard.jp/

英国の伝統を感じる気品あふれる船内

現在の「クイーン・エリザベス」は、2010年就航の3代目。初代の伝統を受け継ぎ、船内の内装はアールデコ様式がベースになっています。170年以上の歴史を持つこの船会社は、もともと英国王室公認の郵便事業を担う船として活躍してきました。そのゆえんから、船内には名付け親のエリザベス女王の肖像画が飾られ、

格式高い雰囲気に包まれています。英国式アフタヌーンティーや、社交ダンスタイムもあり、英国社交界の雰囲気を感じられます。

昔ながらの等級制が残る

もともと多くのクルーズ客船には等級制があり、客室にクラスを設け、クラスごとに異なる専用ダイニングを利用していました。この船ではこの伝統的な等級制を守り続けています。

客室のランクにより利用するメインダイニングを分け、上位クラスではバトラーサービスやコンシェルジュサービスなど、特別なサービスが受けられます。

また、ラウンジや中庭など上位クラス専用のスペースは他のクラスの乗客の立ち入りも制限されています。

第7章 ✳ 主なクルーズ船

本格的な劇場のプライベートボックス席

　3層吹き抜け、800人以上収容できる「ロイヤル・コート・シアター」は青と金を基調にした本格的な劇場です。毎夜、バレエやオペラなどのショーを楽しむことができます。最大の特徴は、プライベートボックス席が備えられていること。15番のプライベートボックス席は、英国女王エリザベス2世が着座された席として有名です。追加代金を払えば誰でも予約が可能。ボックスシートの予約者には開演前にシャンパンとチョコレートも振る舞われます。

統一された上質なサービス

　1934年、あの豪華客船「タイタニック」を保有していたホワイトスター・ラインを吸収合併し、その質の高いサービスを受け継ぎました。その極意を「ホワイトスター・サービス」と呼び、すべてのクルーが船舶における知識やサービスを学んでいます。そのため、当たり外れなく、どのクルーからも統一された質の高いサービスを受けることができます。乗船時に白い手袋を嵌めたクルーが並んで出迎えてくれる様子を見るだけで、気分が高まります。

コースや予算の目安・コース例

ゴールデンウィーク 済州島と九州周遊8日間

　ゴールデンウィーク中、横浜発着で、憧れの英国式豪華客船に乗って、九州の3つの港と済州島をめぐります。
　横浜を出て、終日クルージングを1日挟み鹿児島へ。9時間の滞在を経て、次の日は雄大な自然が魅力の済州島に到着します。夕方に出港した後、次の日の早朝には福岡に到着。出航は22時と遅いので、ラーメン、明太子、もつ鍋、水炊きなど福岡の美味しいものをたっぷり堪能できます。最後の寄港地の長崎には翌日の朝に到着し、夕方に出港。1日のクルージングを挟み、横浜に戻ってきます。

発着地：横浜発→横浜着
期　間：7泊8日
寄港地：鹿児島、済州島、福岡、
　　　　長崎
料金(目安)：145,000円〜

初夏の古都めぐり 10日間

　"古都"をテーマに、古い建築物も数多く残る国内5つの人気スポットをめぐり、さらに釜山にも寄港する個性的なコース。上品なクイーン・エリザベスに乗って回れば、古都めぐりの気分もより高まるはずです。
　横浜を出港して1日のクルージングを挟んだ後、秋田へ到着。その後は連日、金沢、舞鶴、境港、釜山、長崎とめぐっていきます。それぞれ魅力的な都市の表情の違いを感じることができます。また、5月の暑くも寒くもない、ちょうどいい季節なので、気持ちよく街歩きができます。

発着地：横浜/名古屋発→横浜着
期　間：9泊10日
寄港地：秋田、金沢、舞鶴、境港、
　　　　釜山、長崎
料金(目安)：168,000円〜

北海道周遊とサハリン 10日間

　英国式の豪華客船で、秋の深まる北陸と北海道、さらにサハリンまでをもめぐるコース。北海道で寄港するのは、釧路、小樽、函館の3つの人気スポット。観光や北海道グルメを存分に堪能することができます。
　サハリンで寄港するコルサコフも、展望台や文化センター、レーニン広場など見どころ満載。美しい街並みを見て歩くだけでも楽しめます。初めてのロシア体験としても最適です。
　めぐる順番は、東京を出港して、釧路、コルサコフ、小樽、青森、函館の順。終日クルージングの日は、上品な船内の様子や、英国式アフターヌーンティーなどを存分に楽しんでください。

発着地：東京発→東京着
期　間：9泊10日
寄港地：釧路、コルサコフ、小樽、
　　　　青森、函館
料金(目安)：174,000円〜

143

著者プロフィール

小磯紀子(こいそ・のりこ)

10年ほど前に初めて乗った飛鳥Ⅱのクルーズが素晴らしくて、船旅にハマる。
以来、編集プロダクションの社長業の傍ら、時間をみつけては2〜7日のクルーズ船
の旅に出かけるようになり、気がつけば累計宿泊80日を超えるクルーズマニアに。
現在は100泊超えを目指して仕事の合間にクルーズ情報を漁る日々。
特に国内発着の短期クルーズについては、人気テーマパークの口コミガイドの編集
制作などを長年手がけてきた編集者の目線で、経験と知識を蓄積してきた。
クルーズするときのモットーは「リーズナブルに!豪華に!」。

STAFF

●編集／イデア・ビレッジ
●本文デザイン・DTP／小谷田一美

●取材協力／株式会社ビュート

知っていればもっと楽しめる　クルーズ旅行術
ガイドブックに載らない達人のコツ50

2019年9月30日　第1版・第1刷発行

著　者　小磯紀子（こいそ のりこ）
発行者　メイツ出版株式会社
　　　　代表者　三渡 治
　　　　〒102-0093 東京都千代田区平河町一丁目1-8
　　　　TEL：03-5276-3050（編集・営業）
　　　　　　　 03-5276-3052（注文専用）
　　　　FAX：03-5276-3105
印　刷　株式会社厚徳社

●本書の一部、あるいは全部を無断でコピーすることは、法律で認められた場合を除き、
　著作権の侵害となりますので禁止します。
●定価はカバーに表示してあります。
©イデア・ビレッジ, 2019.ISBN978-4-7804-2240-5 C2026 Printed in Japan.

ご意見・ご感想はホームページから承っております
メイツ出版ホームページアドレス http://www.mates-publishing.co.jp/

編集長：折居かおる　副編集長：堀明研斗　企画担当：折居かおる